Das Team:

Katrin Eckerstorfer (eck)
ist in Linz aufgewachsen, hat als Kind jedoch viel Zeit im Mühlviertel verbracht. Katrin unterrichtet Sport und Englisch. In ihrer Freizeit gibt sie auf ihrem Blog www.gowiththeflo.at Tipps rund um Fitness und Familienausflüge. Katrin hat das Fortsetzungsbuch „Abenteuer Natur Oberösterreich" mitverfasst.

Susanne Kaiser (sk)
wohnt in St. Stefan-Afiesl und arbeitet als Radiologietechnologin in Linz. Mit der Geburt ihrer zwei Söhne stieg die passionierte Bergwanderin und -steigerin auf kindgerechte Wanderungen um. Susanne ist auch Hauptautorin des Fortsetzungsbuches „Abenteuer Natur Oberösterreich".

Maria Laszlo (la)
ist gebürtige Ungarin, ausgebildete Mehrfachtherapeutin für behinderte Kinder und Mama von zwei Kindern. Sie lebt seit Jahren in Oberösterreich und seit 2010 in Steyr. Die sportliche Mama leitet Fit-Dank-Baby-Kurse und aktualisiert und filmt laufend ihre Beiträge.

Irmgard Leitner-Gadringer (le)
ist Autorin der ersten Stunde und hat mit ihrer Tochter Marlene viele Wege mühevoll zusammengesucht. Irmgards Tochter ist nun dem Kinderwagenalter entwachsen, weshalb ein neues Mütterteam „ihre" Wege überarbeitet und neue Wanderungen beigesteuert hat.

Hannah Nöhmayer (nö)

gehört zum neuen Team und hat viele der Touren auf den aktuellen Stand gebracht. Aufgewachsen im Salzkammergut, studierte sie in Salzburg und Hagenberg. Hannah lebt bei Linz und arbeitet im Medien- und Marketingbereich.

Barbara Rammer (br)

Barbara wohnt in Linz und arbeitet als Ingenieurin im Anlagenbau. Am liebsten ist sie auf „Off the beaten track-Pfaden" unterwegs. Barbara ist auch Autorin des Fortsetzungsbuches „Abenteuer Natur Oberösterreich", die Wege in der Region Pyhrn-Priel/Ennstal verdanken wir ihr.

Elisabeth Reichl (rei)

ist die zweite „Ursprungsautorin". Die gebürtige Salzburgerin lebt seit ihrem Studium in Linz und arbeitet im Personalwesen. Auch ihre Kinder sind mittlerweile dem Kinderwagenalter entwachsen, der Geist der Erstautorinnen lebt aber weiter.

Katharina Schraml (sch)

ist eine große Naturliebhaberin und zweifache Mutter. Geboren in Linz, ist sie seit ihrem Schauspielstudium in Graz als Schauspielerin tätig. Seit einigen Jahren ist sie Ensemblemitglied am Theater des Kindes in Linz. Katharina lebt mit ihrer Familie im Mühlviertel.

Anna Wimmer (aw)

ist Journalistin, Zweifach-Mama und in Eferding zu Hause. Die gebürtige Linzerin startete völlig unerfahren ins Wandern mit Kindern. Beide Töchter lieben die Streifzüge durch die „Wildnis", Mama wurde um einiges fitter und für weitere Ausflugsideen ist dank dem Buch gesorgt.

Elisabeth Göllner-Kampel (Hrsg.)

Kinderwagen- & Tragetouren

Oberösterreich
Großraum Linz

Mühlviertel, Donaubecken, Krems-, Steyr-, Ennstal

Über 50 lohnende Wanderungen und Ausflugsziele
vom Säugling bis zum Schulkind

Mit Winterwanderwegen

Wir freuen uns über Rückmeldungen, Eindrücke, Hinweise an:
Wandaverlag.at, office@wandaverlag.at

Grafik: Manuel Thomasser, Dorota Konieczka, Alexandra Bründl
Cover: Brigitte Haid
Illustrationen: Melanie Eichhorn, Sabine Köth, Tsvetelina Lyubenova
Kartografie: Eva Maria Haslauer (Universität Salzburg) u. Terra Cognita, Dorota Konieczka
Gedruckt in Österreich.

ISBN: 978-3-9502908-3-7
Kinderwagen- & Tragetouren Oberösterreich: Großraum Linz, Mühlviertel, Donaubecken,
Kremstal, Steyrtal, Ennstal: Über 50 lohnende Wanderungen und Ausflugsziele. Vom
Säugling bis zum Schulkind. Mit Winterwanderwegen. Verlag: Wandaverlag.at; Wanda
Kampel VerlagsKG, Römerstraße 16, A-5081 Anif, www.wandaverlag.at.
4. Auflage 2021

Fotos: Von den Autorinnen, Co-Autorinnen oder lt. Abbildungsverzeichnis im Anhang.
Umschlagfoto vorne: Mirellental, Fotospende Jana Winkler-Ebner
Umschlag hinten: An der Donau von Irmgard Leitner-Gadringer

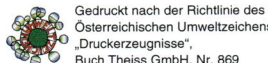

Gedruckt nach der Richtlinie des
Österreichischen Umweltzeichens
„Druckerzeugnisse",
Buch Theiss GmbH, Nr. 869

Der leichteren Lesbarkeit halber wurde durchwegs
die weibliche Anrede verwendet. Natürlich sind damit auch
alle Männer gemeint.

Inhaltsangabe

Abenteuer Natur Oberösterreich

Unser Fortsetzungsbuch für die „großen" Kinder

Bücher, die Zeit zum Genießen schenken!

Fränkische Schweiz Bamberg

Hamburg

München

Westallgäu

Westlicher Bodensee

Vorarlberg

wandaverlag

wandaverlag.at

Wien

Oberösterreich

Salzburg

Unsere Kinderwagen- & Tragebuch-Reihe im Überblick

Salzkammergut Almtal

Tiroler Unterland

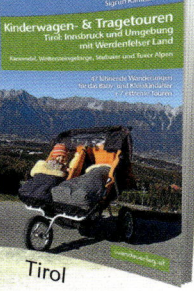

Tirol

TRAGE- & KRAXENTOUREN
Münchener Süden

Überblickstabelle der Wanderungen

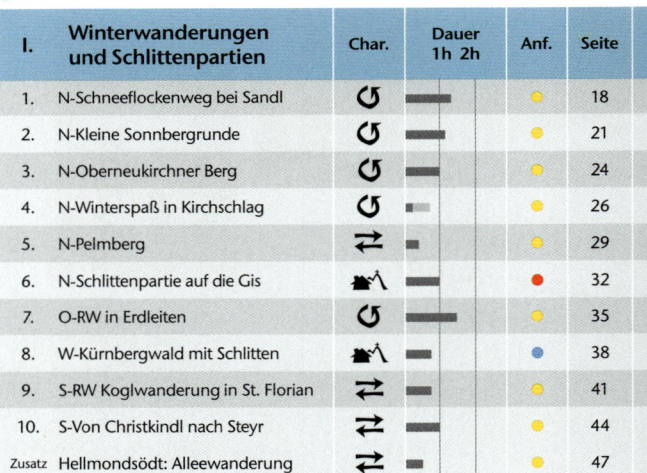

I.	Winterwanderungen und Schlittenpartien	Char.	Dauer 1h 2h		Anf.	Seite
1.	N-Schneeflockenweg bei Sandl	↻↺	▬		🟡	18
2.	N-Kleine Sonnbergrunde	↻↺	▬▬		🟡	21
3.	N-Oberneukirchner Berg	↻↺	▬▬		🟡	24
4.	N-Winterspaß in Kirchschlag	↻↺	▬		🟡	26
5.	N-Pelmberg	⇄	▬		🟡	29
6.	N-Schlittenpartie auf die Gis	🏠⛰	▬▬		🔴	32
7.	O-RW in Erdleiten	↻	▬▬		🟡	35
8.	W-Kürnbergwald mit Schlitten	🏠⛰	▬▬		🔵	38
9.	S-RW Koglwanderung in St. Florian	⇄	▬▬		🟡	41
10.	S-Von Christkindl nach Steyr	⇄	▬▬		🟡	44
Zusatz	Hellmondsödt: Alleewanderung	⇄	▬		🟡	47

II.	Klassisches Wanderwetter	Char.	Dauer 1h 2h		Anf.	Seite
11.	W-Kerzensteinweg	⇄	▬▬		🔵	50
12.	W-Ottensheimer Obstgarten	↻	▬▬		🟡	53
13.	N-Sternstein	🏠⛰	▬▬		🟡	56
14.	N-Planeten-RW	🚶🔍	▬▬		🟡	59
15.	N-Mirellental	⇄	▬▬		🔴	62

Bus/Bahn	Schatten	🧒	☂️	⛄ / Rodeln	2–3 Jahre	4–6 Jahre	Doppel KW	Sterne
🚐	◐			x/x	x	x	x	★★★
🚐	○			x/-	x	x	x	★
🚐	◐	x		x/-		x	x	★
🚐	○			x/x	x	x	x	★★
	○			x/-	x	x	x	★
🚐	◐			x/x	x	x		★★
	◐			x/-			x	★
🚐	●			x/x	x	x		★★
🚐	○			x/-			x	★
🚐	◐		x	x/-	x	x	x	★★
🚐	◐			x/-	x	x	x	★

Bus/Bahn	Schatten	🧒	☂️	⛄ / Rodeln	2–3 Jahre	4–6 Jahre	Doppel KW	Sterne
🚐	◐	x			x	x		★★★
🚐	◐	x			x	x	x	★★★
	◐		x	-/x	x	x	x	★★★
🚐	◐			-/x	x	x	x	★★★
🚐	◐				x	x		★★

II.	Klassisches Wanderwetter	Char.	Dauer 1h 2h		Anf.	Seite
16.	N-Pferdeeisenbahn z. Kratschi	⇄	▬		🟡	65
17.	NO-RW Bierlehrpfad Kefermarkt	↻	▬▬		🔵	67
18.	O-Schwammerling	⇄	▬		🔵	69
19.	SO-Kinderfitnessweg Kronstorf	↻	▬		🟡	72
20.	S-RW Leonstein – Schw. Graf	🧍🔍	▬▬▬		🔵	75
21.	S-Molln/Bodinggraben	🏔⛰	▬▬▬▬		🟡🔴	78
22.	S-Gschwendtalm	🏔⛰	▬▬▬▬		🔴	81

III.	Sommerziele	Char.	Dauer 1h 2h		Anf.	Seite
23.	NW-Rannatal	⇄↻	▬▬		🔵	86
24.	W-Pesenbachtal	⇄	▬		🔵	89
25.	NW-Rodl-Waldbad	🚶🏔	▪		🔵	92
26.	W-Puchenau Auspaziergang	⇄	▬		🔵	95
27.	N-Bienen-RW Zwettl	↻	▬▬		🔵	97
28.	N-Pferdeeisenbahn: Pfaffendorf	⇄	▬▬		🔵	100
29.	NO-Rosenhofteiche	↻↻	▬		🟡	103
30.	NO-Gutau Vogelkundeweg	↻↻	▬▬		🔵	106
31.	NO-Feldaist	⇄	▬▬▬		🟡🔴	108
32.	S-Anton-Schosser-Hütte/Ennstal	⇄	▬▬		🔴	111

wandaverlag.at

Bus/Bahn	Schatten	🚶	☂	⛄ / Rodeln	2–3 Jahre	4–6 Jahre	Doppel KW	Sterne
	◑				x	x	x	★★★
🚌	◔				x	x		★★
🚌	○				x	x	x	★
🚌	◔			x/-	x	x	x	★
🚌	◔			x/-		x		★★★
	◑		x	-/x	x	x	x	★★★
	◔							★★

Bus/Bahn	Schatten	🚶	☂	⛄ / Rodeln	2–3 Jahre	4–6 Jahre	Doppel KW	Sterne
🚌	◑	x	x		x	x	x	★★
🚌	◑	x	x		x	x	x	★★★
🚌	◐	x			x	x		★★★
🚌	◑	x	x		x	x		★★
🚌	◑	x	x		x	x	x	★★★
	◐				x	x	x	★★
🚌	◐			x/-	x	x		★★★
🚌	◑				x	x		★★★
🚌	◑	x			x	x		★★★
	◔				x	x		★★★

IV.	Wanderungen für regnerisches Wetter	Char.	Dauer 1h 2h		Anf.	Seite
33.	N-Motorikpark Feldkirchen	ᛊᛈ	▬		●	116
34.	N-Eidenberger Alm - Gisela Warte	ᛏᛈ	▬▬		●	119
35.	N-Naturerlebnisweg in Weikersdorf	ᛊᛈ	▬▬		●	122
36.	N-Pferdeeisenbahn Unterweitersdorf	ᛊᛈ	▬▬		●	125
37.	O-Pfenningberg (beim Daxleitner)	⇄	▬▬		●	127
38.	W-Fischlehrpfad ion Wilhering	ᛊᛈ	▬		●	130
39.	W-RW Oedtsee	↻	▬▬		●	132
40.	S-Bad Hall: Ein Park f. alle Sinne	ᛊᛈ	▬		●	135

V.	Ausflugsziele und Wandertipps für kleine Füße	Char.	Dauer 1h 2h		Anf.	Seite
41.	N-Spechtweg	↻	▬		●	140
42.	N-Braunberghütte	ᛊᛈᛊ	▪		●	143
43.	O-Kriehmühle an der Feldaist	ᛊᛈᛊ	▬▬		●	146
44.	W-Mayrhoferberg	⇄	▬		●	149
45.	W-Alkoven	↻	▬		●	152
46.	W-Dörnbach	↻	▪		●	154
47.	S-Himmelreichbiotop	ᛊᛈ	▪		●	157

Bus/Bahn	Schatten	🧍	🧍	☃/Rodeln	2–3 Jahre	4–6 Jahre	Doppel KW	Sterne
🚌	○	x	x		x	x		★★★
	◑		x	-/x	x	x	x	★★★
	◑		x			x	x	★★
🚌	◑		x			x	x	★★
	◐		x		x	x	x	★
🚌	◔		x		x	x	x	★
🚌	◑	x	x	x/-	x	x	x	★★
🚌	◑		x	x/-	x	x	x	★★

Bus/Bahn	Schatten	🧍	🧍	☃/Rodeln	2–3 Jahre	4–6 Jahre	Doppel KW	Sterne
	◐	x	x	x	x	x		★★★
	◑				x	x		★★★
	●	x			x	x		★★★
	○			x/x	x	x	x	★★
	◑				x	x	x	★
🚌	◑		x					★
	◖				x	x		★★

VI.	Stadtwanderungen Linz Wandertipps für kleine Füße	Char.	Dauer 1h 2h	Anf.	Seite
48.	Berghof Pöstlingberg	⛰⛏		●	162
49.	Bachlbergrunde	↻		●	165
50.	RW Pferdebahnpromenade	↻		● ●	168
51.	Vom Lentos z. Winterhafen	⇄		●	171
52.	Freinberg-Sonnenpromenade	↻		●	174
53.	Födroas in Leonding	↻		●	177
54.	Wasserwald	↻		●	179
55.	Weikerlsee	↻		●	181
56.	Pichlingersee	↻		●	184

Zeichenerklärung der Inhaltsangabe

Die Kürzel N/O/S/W geben die Himmelsrichtung von Linz aus gesehen an.

Charakteristik (Char.):

↻   Rundweg   ⚗🔍   Themen- oder Erlebnisweg

⛰⛏   Alm / Bergtour   🚶‍♀️🎨   Ausflugsziel

⇄   Spazierweg – gleicher Rück- wie Hinweg

▬▬▬▬▬ **Balken für Dauer:**

Die Länge der Balken zeigt an, wie lange die Wanderung für eine Strecke dauert. Bei Rundwegen (RW) wird die Gehzeit für den gesamten Weg angezeigt. Hellgraue Balken zeigen eine mögliche Verlängerung an. Näheres in der jeweiligen Wegbeschreibung.

Anforderung (Anf.):   ● leicht   ● mittel   ● schwer

jeweils bezogen auf das Gehen mit Kinderwagen

Bus/ Bahn	Schatten	🧒	🧒	⛄ / Rodeln	2–3 Jahre	4–6 Jahre	Doppel KW	Sterne
🚌	◐				x	x		★★
🚌	◐				x	x		★★
🚌	◐		x		x	x	(x)	★★
🚌	◕		x	x/-	x	x	x	★★
🚌	○			x/x	x	x	x	★★
🚌	○				x	x	x	★
🚌	◐		x	x/x	x	x	x	★★
🚌	◕	x			x	x		★★
🚌	○	x		x/-	x	x	x	★

Doppel KW: Gibt an, ob Strecke für Doppelkinderwägen geeignet ist.

Schatten: Die dunklen Kreise in der Übersicht zeigen an, in welchem Ausmaß der Weg schattig ist:

○ auf der gesamten Route ist kein Schatten (optimal im Winter)
◐ der Weg liegt nur zu einem Viertel im Schatten
◐ die Hälfte der Wegstrecke ist schattig
◕ der Großteil der Strecke liegt im Schatten oder auch lichtem Wald
● der gesamte Weg liegt im Schatten

★★★ Sterne (= Hinweis auf landschaftliche Schönheit):

Drei Sterne bedeuten, dass Wanderung bzw. Landschaft herausragend sind. Ein Stern zeigt eine nette Wanderung an, die Landschaft ist aber nicht herausragend. Die Bewertung erfolgte nach unserer subjektiven Einschätzung.

Winterwanderungen im Überblick

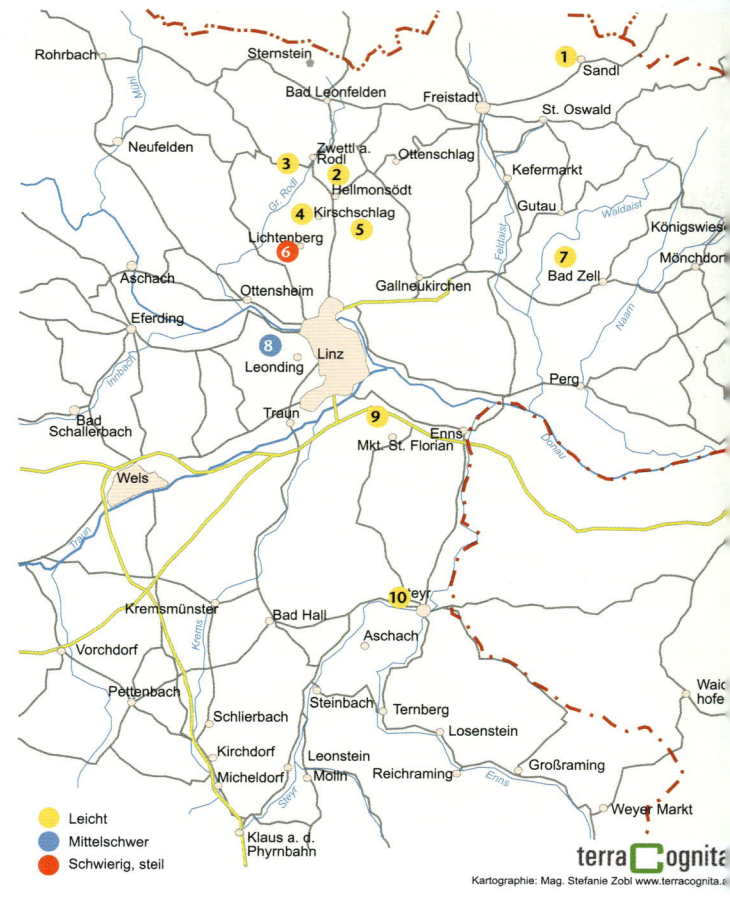

Rohrbach

Sternstein

Bad Leonfelden

Freistadt

1 Sandl

St. Oswald

Neufelden

3 Zwettl a. Rodl

2 Hellmonsödt

Ottenschlag

Kefermarkt

Gutau

Königswies

4 Kirschschlag

5

Lichtenberg
6

7 Bad Zell

Mönchdor

Aschach

Ottensheim

Gallneukirchen

Eferding

8 Linz

Leonding

Perg

Traun

Bad Schallerbach

9

Enns

Mkt. St. Florian

Wels

Kremsmünster

Bad Hall

10 'eyr

Vorchdorf

Aschach

Pettenbach

Steinbach

Ternberg

Schlierbach

Losenstein

Kirchdorf

Leonstein

Großraming

Micheldorf

Molln

Reichraming

Weyer Markt

Klaus a. d. Phyrnbahn

Waic hofe

- 🟡 Leicht
- 🔵 Mittelschwer
- 🔴 Schwierig, steil

terra Cognita

Kartographie: Mag. Stefanie Zobl www.terracognita.a

Bei Schneelage Strecken für Kinderwägen zu finden, gleicht der sprichwörtlichen Nadelsuche im Heuhaufen. Die Wege müssen geräumt und weitgehend autofrei sein. Außerdem benötigt man mit Kindern eine nette Gaststätte zum Aufwärmen und die Gegend sollte oberhalb der Nebelgrenze liegen. Wir hoffen, dass es uns mit dieser Auswahl gelungen ist, alternative Nahziele aufzuzeigen.

I. Winter:
Wege über der Nebelgrenze, Schlittenhügel und Adventtouren

 Auf Instagram unter: wandaverlagtoptouren findest du weitere sonnige Traumwege

1 Schneeflockenweg (927 m)
Sandl: Winterspaziergang mit Schlittenpartie

Der Schneeflockenweg ist ein wunderschöner gespurter Winderwanderweg, der sich durch verschneite Wälder und Wiesen beim Viehberg in Sandl schlängelt. Da er sich auf über 900 m befindet, ist somit die Chance auf eine schöne Winterlandschaft im Sonnenschein sehr groß. Der Weg läßt sich auf 2 Varianten erwandern. Beide Varianten sind gleich lang, Variante 1 geht großteils über Wald- und Wiesenwege und ist schattiger, Variante 2 führt großteils über Zufahrtsstraßen, ist aber sonniger. Am Viehberg kann man nicht nur Schifahren, sondern sich auch auf der Rodelbahn austoben.

Wetter:	Anforderung: 🟡	Gesamtdauer: 1 ½ h

Anforderung:	Leicht; 60 Hm; Leichte bis mittere Steigung; Bei Var. 1: vorwiegend Wald- und Wiesenwege, bei Var. 2: großteils entlang von Zufahrtsstraßen.
Dauer:	Var. 1: RW: 1 ½ h; 2,7 km. Var. 2: RW: 1 ½ h; 2,3 km.

Wetter:	Schönes Winterwanderwetter. Var. 1 liegt großteils im schattigen Wald, Var. 2 führt großteils über offenes Gelände.

Wanderwert für (Geschwister-) Kinder:	
2–3 Jahre:	Mit Trage gut geeignet. Siehe 4–6 Jahre.
4–6 Jahre:	Sehr gut geeignet. Die Wanderung lässt sich mit einem Rodel- oder Schitag verbinden.
Kinderfahrrad:	Nein.

Navi: 4251 Sandl, Liftstraße 10.

Anfahrt: Von A1/A7 auf S10 nach Freistadt und weiter nach Sandl. Der Parkplatz befindet sich in der Nähe der Liftanlagen.

Bus/Bahn: Hst. Sandl Pendlerparkplatz. Gehzeit zum Ausgangspunkt ca. 15 Min. Von der Haltestelle rechts vorbei an der Raiffeisenbank Sandl, dann links und weiter geradeaus bis zu den Liftanlagen und zur Viehberghütte.

Ausgangspunkt/P: Parkplatz oder Viehberghütte.

Infos/Gaststätten: *Viehberghütte, Tel. 0677 62093077, www.viehberg.at, Übernachtungsmöglichkeiten. *Weitere Gasthöfe im Ort. *Viehberglifte Sandl GmbH, Tel. 0680 2450506, www.viehberg.at. *Rodel- und Zipfelbobverleih in der Viehberghütte und beim Kassahaus.*Gemeinde Sandl, Tel. 07944 8255, www.sandl.riskommunal. net, hier erfährt man auch wie die Schneelage ist.

Wegbeschreibung Schneeflockenweg:

Der Weg ist sehr gut beschildert (blauweiße Wegweiser mit Aufschrift Schneeflocken Weg), hier dennoch eine kurze Beschreibung:
Von der Viehberghütte führt der Weg ein kleines Stück geradeaus bis er rechts bergab abbiegt. Bei der folgenden Wegkreuzung kann man auswählen, ob man Variante 1 oder Variante 2 erwandern möchte.

Für Variante 1 den linken Weg wählen. Dieser führt bergauf durch den Wald und biegt kurz vor der Sternwarte links ab. Dem Weg weiter geradeaus folgen und die Straße überqueren. Beim Maltsch Ursprung ange-

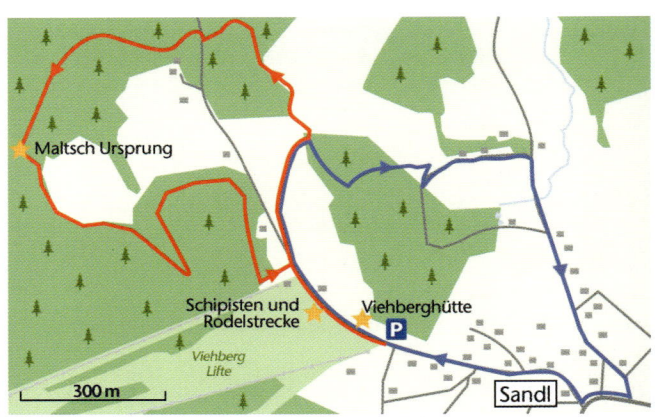

kommen nach links abbiegen und dem Wegverlauf durch den Wald bis zum Ausgangspunkt folgen.

Für Variante 1 den rechten Weg wählen. Diesem geradeaus bergab bis zur Wegkreuzung folgen. Hier nach rechts gehen und der Zufahrtsstraße bis ins Ortszentrum folgen. Hier nach rechts in Richtung Raiffeisenbank und den Viehbergliften gehen.

Die Gemeinde Sonnberg, die am Plateau zwischen Hellmonsödt und Zwettl an der Rodl liegt, wird ihrem Namen gerecht. Nur gute 30 Min. von Linz entfernt bietet sie eine interessante Alternative zu den gerade an Wochenenden überlaufenen Nachbargemeinden Kirchschlag und Hellmonsödt. Durch die Höhenlage und das Hochplateau findet man an schönen Wintertagen ungetrübten Sonnenschein. Rund um Sonnberg gibt es schöne Langlaufmöglichkeiten.

Wetter:	Anforderung:	Gesamtdauer: 1 ¼ h

Anforderung:	Leicht, die ganze Runde führt über asphaltierte, wenig befahrene Landesstraßen. Bei Schneelage können die kurzen Steigungen etwas anstrengend werden.
Dauer:	RW: Ca. 1 ¼ Std.; 5 km.
Wetter:	Sonnige Spätherbst-, Winter- und Frühlingstage. Achtung: windanfällig und kein Schatten.
Rodelstrecke:	Nicht präpariert, kleine Hügel entlang des Weges und beim Spielgelände der Mehrzweckanlage.

Wanderwert für (Geschwister-) Kinder:

2–3 Jahre:	In diesem Alter emfehlen wir nur kurze Wegabschnitte. Kinderspielplatz mit Streichelzoo bei der Jausenstation „Auf d'Sunnseitn". Großes Spielgelände hinter der Mehrzweckanlage, u.a. Sandkiste mit Wasserpumpe (Wechselklei dung!), ideal für Traktor- und Tierbegeisterte (Kühe, Pferde, Schafe, Ziegen)
4–6 Jahre:	Siehe 2–3 Jahre.
Kinderfahrrad:	Nicht geeignet aufgrund der Steigungen.

Navi: 4180 Sonnberg 94

Anfahrt: A7 Mühlkreisautobahn Ausfahrt Urfahr, Richtung Bad Leonfelden. Durch den Haselgraben, in Glasau rechts Abzweigung nach Hellmonsödt. Kurz nach dem Ortszentrum von Hellmonsödt links Richtung Sonnberg (Wegweiser: „Auf d'Sunnseitn").
Bus/Bahn: Busverbindung: Umsteigen in Glasau bis Hst. Sonnberg im Mühlkreis – Sunnseitn.

Ausgangspunkt: Parkplatz bei der Mehrzweckanlage Sonnberg, Nähe Jausenstation „Auf d'Sunnseitn", ausreichend Parkmöglichkeiten vorhanden.

Infos/Gaststätten: **Jausenstation „Auf d'Sunnseitn", großzügiger Kinderspielplatz mit Streichelzoo in der wärmeren Jahreszeit, Tel. 07212/21311 od. 07212/6887, www.aufdsunnseitn.at, geöff. Do ab 15 Uhr, Fr/Sa ab 13 Uhr, So ab 11.30 Uhr; *Gemeinde Sonnberg, Tel. 07212/6565.

Wegbeschreibung Sonnbergrunde:

Vom Parkplatz bzw. von der Jausenstation „Sunnseitn" Richtung „Ortszentrum". Vorbei am Gemeindeamt und schon wieder aus der kleinen Ortschaft heraus, geht es leicht bergab. Bei der nächsten Abzweigung links, Richtung „Rudersbach" wandern. Nach einer leichten Steigung biegt man nach dem Bauernhof (Bushaltestelle) wieder links ab.

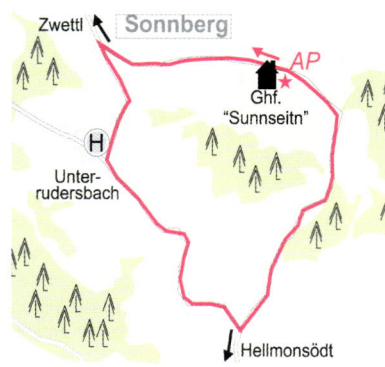

Die Straße führt dann leicht bergauf, bis sie wieder auf die Verbindungsstraße Hellmonsödt-Sonnberg trifft. Bei dieser Kreuzung wieder nach links einbiegen. Nun wandert man den Anfahrtsweg entlang und sieht, nachdem man das Waldstück durchquert hat, linker Hand die Mehrzweckanlage „Sonnberg", den Ausgangspunkt der Wanderung.

3 Oberneukirchner Berg (774m)

Oberneukirchen: Wanderung mit teuflischer Sage

eck

Ein gemütlicher Rundwanderweg, der auf einem Feldweg über Wiesen und durch den Wald führt. Das Highlight ist eine Ansammlung von Granitblöcken ungefähr zur Hälfte des Weges im Wald, bei denen man die teuflische Sage nachlesen und herumklettern kann. Obwohl die Wanderung kein Gipfelziel bietet, ist sie als Nahziel über der Nebelgrenze attraktiv. Auf alle Fälle ist es hier extrem ruhig und friedlich. In der Nähe vom Ausgangspunkt steht ein asiatisches „Gong", in das Kinder gerne schlagen dürfen. Im Winter unbedingt die Rodel mitnehmen, da es immer wieder kleine Hügel zum Hinuntersausen gibt.

Wetter:	Anforderung:	Gesamtdauer: 1 h

Anforderung:	Leicht; ca. 50 Hm; mäßige Steigung; Schotter- bzw. Waldweg.
Dauer:	RW: 1 h; 4km.
Wetter:	Nicht zu heißes Wanderwetter, auch bei Schneelage möglich.

Wanderwert für (Geschwister-) Kinder:	
2–3 Jahre:	Nur mit Trage geeignet. Siehe 4–6 Jahre.
4–6 Jahre:	Gut geeignet, da der Weg sehr kurz ist. Ca. 50 m vom AP entfernt steht ein „Gong", der geschalgen werden kann. Aufgrund der Kürze gut geeignet.
Kinderfahrrad:	Nein.

Navi: 4181 Oberneukirchen, Bergweg 1. 48.456362, 14.214306

Anfahrt: Von Linz über die B126 bis nach Zwettel an d. R., hier links nach Oberneukirchen abbiegen. Im Ort nach der Kirche links abbiegen und danach auf die zweite Straße (Bergweg) rechts abbiegen. Nun geradeaus bis zum Ende der Straße, wo sich vor einem Wirtschaftsgebäude ein kleiner Parkplatz befindet.

Bus/Bahn: Busline 267 in Richtung Haslach/Mühl. Hst. Oberneukirchen, OÖ Schulzentrum.

Ausgangspunkt/P: Der kleine Parkplatz vor dem Wirtschaftsgebäude am Ende des Bergweges.

Infos/Gaststätten: Keine Gaststätte am Weg, Einkehrmöglichkeiten gibt es im Ort Oberneukirchen.

Wegbeschreibung Oberneukirchner Berg:

Vom Ausgangspunkt führt ein Schotterweg über die Wiesen und nach bereits ca. 50 m befindet sich an einer Weggabelung der „Gong". Hier den rechten Weg einschlagen der nun weiter in den Wald führt. Nun hält man sich links und gelangt zu einer Abbiegung, die steil nach oben führt. Und schon ist die Teufelskanzel erreicht. Hier befinden sich unzählige Granitblöcke zum Kraxeln. Auf einem Schild kann auch die Geschichte dieses sagenumwobenen Platzes nachgelesen werden. Um zurück zum Ausgangspunkt zu gelangen, einfach dem Verlauf des Weges und den Schildern nach Oberneukirchen folgen. Der flache Waldweg führt danach wieder aus dem Wald hinaus und geht später in einen Schotterweg über der uns wieder zum Start der Wanderung führt.

4 Sonniger Winterspaß (ca. 900 m)

Kirchschlag: Bergdorf bei Linz

nö

Kirchschlag wird auch als das Bergdorf bei Linz bezeichnet. Neben einem sonnigen Panoramaspazierweg gibt es einen Schilift , rodeln ist leider nicht mehr möglich. Liegt in Linz und Umgebung wochenlang der Nebel und ist das triste Grau nicht mehr auszuhalten, dann bietet sich dieser Ausflug an. Es tut richtig gut, wenn auf halber Höhe vor Kirchschlag der Nebel aufreisst und sich ein strahlend blauer Himmel darbietet. Überrascht waren wir immer wieder von der romantischen Winterlandschaft in Kirchschlag, die wir uns in Linz nicht mehr richtig vorstellen konnten.

Wetter: ◯	Anforderung:	Gesamtdauer: ¾ h

Anforderung:	Leicht, der Sonnenweg ist asphaltiert und mündet dann in einem Schotterweg, eben, Schneeräumung meist bis kurz vorm Waldrand.
Dauer:	Panoramaspaziergang: 15 Minuten, Runde „Am Südhang": 45 Minuten.
Wetter:	Für sonnige Herbst-, Winter- und Frühlingstage, kein Schatten.

Rodelstrecke: Nein, sämtliche Schlittenhügel wurden im Winter 2020/21 gesperrt. Wir hoffen sehr, dass diese Regelung nach dem Ausnahmejahr aufgehoben wird.

Wanderwert für (Geschwister-) Kinder:	
2–3 Jahre:	Kurze Wegstrecke, Teile auch mit Dreirad (außer im Winter) befahrbar, bei größeren Schneemengen bietet der Weg die Möglichkeit, die Kinder mit dem Schlitten zu ziehen.
4–6 Jahre:	Siehe 2–3 Jahre. Möglichkeiten zum Schifahren im Ort
Kinderfahrrad:	Geeignet.

Navi: 4202 Kirchschlag, Durstbergweg

Anfahrt: A7 Mühlkreisautobahn, Abfahrt Linz-Urfahr, Richtung Bad Leonfelden in die Leonfeldnerstraße einbiegen, diese mündet in die Bundesstraße durch den Haselgraben. In Glasau links nach Kirchschlag abbiegen.

Bus/Bahn: Direktverbindung Bus bis Hst. Kirchschlag Ortsmitte.

Ausgangspunkt: Im Ort Kirchschlag gibt es Parkmöglichkeiten bei der Kirche und am Anfang des Durstbergweges entlang des Weges (schräg gegenüber der Bushaltestelle beim Kirchenplatz, Gasthaus „Maurerwirt").

Infos/Gaststätten: *Maurerwirt, Wickelmöglichkeit und Kindersessel, Tel. 07215/2663, www.maurerwirt.at (mit Wetter-Webcam), geöff. Mi-Sa ab 10 Uhr sowie So, Feiertag von 09-17 Uhr, Ruhetage: Mo, Di; weitere Gasthäuser im Ort vorhanden: u.a. „Keine Sorgen Schiarena", direkt beim Skihang Nähe Rotes Kreuz, Tel. 0664/2006354, geöff. ab 1.12. bis Semesterferien, www.keinesorgenarena.at; *Gasthof „Breitenstein Hofinger" (liegt nahe beim Skihang), Kirchschlag 17, Tel: 07215/2355, geöff. Mo, Di, Mi, Sa von 9-14 Uhr und ab 17 Uhr, So durchgehend ab 9 Uhr, Do, Fr Ruhetag *Café-Bäckerei „Reisenberger", Tel. 07215/2293, geöff. während der Geschäftszeiten.

Wegbeschreibung Kirchschlag:

Panoramaspaziergang: Dem Durstbergweg nach links dem Hang entlang folgen. Dieser mündet nach ca. 5 Min. Gehzeit bei der Siedlung links in den Sonnenweg. Nach den Häusern beginnt ein Schotterweg, der beim Waldrand in einen Waldweg übergeht. Ab hier geht es mit dem Kinder-

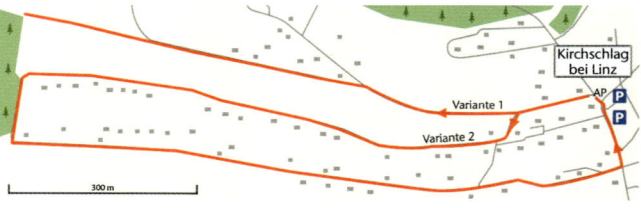

wagen nicht mehr weiter. Der Weg liegt ausschließlich in der Sonne, er ist aber auch dem Wind ausgesetzt. Vom Sonnenweg bietet sich ein schöner Blick zum Sender auf der Gis. Wer nach diesem kurzen Spaziergang noch immer sonnen- und frischlufthungrig ist, kann noch nach Lust und Laune durch die Ansiedlung am Hang spazieren.

Runde am Südhang: Nach den Parkplätzen am Anfang des Durstbergwegs links in den Weg „Am Südhang" einbiegen und diesem den Hang entlang bis zum Waldrand folgen. Der Weg macht vor dem Waldrand eine scharfe Linkskurve und nach einem kurzen Stück mündet er links in den Maurerweg ein. Dieser führt bis zur Hauptstraße in Kirchschlag. Hier wieder links bis zum Durstbergweg gehen und die Runde schließt sich.

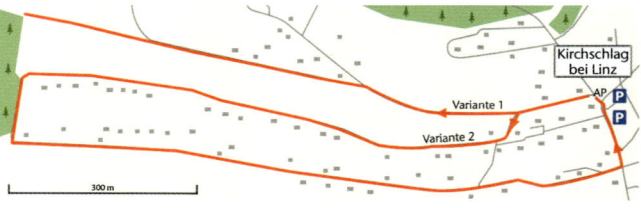

3 Pelmberg (ca. 750 m)
Hellmonsödt: über der Nebelgrenze

nö

In der näheren Umgebung von Linz auf ca. 750 m Höhe liegt – meist außerhalb der Nebelgrenze – Pelmberg, mit einem kleinen Freilichtmuseum. Es lohnt sich, das triste Wintergrau hinter sich zu lassen und die wärmende Sonne auf einem Bankerl oder bei einem Spaziergang zu genießen. Leider können wir hier keinen schönen Rundweg anbieten, sondern nur eine Stichstraße. Dafür wird der Weg auch im Winter geräumt und nur selten von Anrainern befahren. Zum Aufwärmen lädt das Pelmbergstüberl ein.

Wetter: Anforderung: Gesamtdauer: 1 h

Anforderung:	Leicht – der Weg ist asphaltiert und leicht hügelig.
Dauer:	Ca. 30 Minuten eine Strecke (2 km).
Wetter:	Ideal für sonnige Spätherbst-, Winter- und Frühlingstage. Nicht im Hochsommer. Offenes Gelände, kein Schatten. Ev. windig.

Wanderwert für (Geschwister-) Kinder:

2–3 Jahre:	Spielplatz beim „Pelmbergstüberl" (vom Gastgarten gut einsehbar)
4–6 Jahre:	Freilichtmuseum Pelmberg. Geöffnet 1. Mai–31. Okt.
Kinderfahrrad:	Geeignet, aber leichte Steigungen, kaum Anrainerverkehr.

Navi: 4202 Hellmonsödt, Pelmberg 2

Anfahrt: A7 Mühlkreisautobahn, Abfahrt Linz-Urfahr, rechts halten Richtung St. Magdalena, vor der Tankstelle links in die Pulvermühlstraße einbiegen, bei Ampel geradeaus weiter und dann rechts Richtung St. Magdalena abbiegen, der Straße durch die Ortschaft Oberbairing folgen. Einige Kilometer nach der Ortschaft Oberwinkel kommt links der Reithof Pelmberg, nach ca. 500 m links beim Wegweiser Auedt, Freilichtmuseum Pelmberg einbiegen. (Vorsicht: Die Straße ist bei extremen Winterverhältnissen nach der Abzweigung nicht gestreut, leicht rutschig)

Ausgangspunkt (AP): Beim Freilichtmuseum Pelmberg gibt es entlang der Straße Parkplätze.

Infos/Gaststätten: *Pelmbergstüberl/Fam. Döberl (befindet sich neben dem Freilichtmuseum), sehr gute Hausmannskost und gute selbstgemachte Mehlspeisen, kleine familiäre Gaststube, am Wochenende viel Betrieb; geöff. Mi–So ab 10 Uhr, Ruhetage: Mo, Di, Tel. 07215/39110, www.pelmbergstueberl.at. *Freilichtmuseum Pelmberg, geöff. 1. Mai–31. Okt., Sa, So und Feiertag 14–17 Uhr, www.ooemuseumsverbund.at.

Wegbeschreibung Pelmberg:

Vom Freilichtmuseum führt die asphaltierte Anfahrtsstraße geradeaus weiter leicht bergauf. Dies ist eine von zwei mittleren Steigungen. Oben angelangt (nach den Häusern) bietet sich ein schöner Blick auf die Alpen. Leicht bergab geht es dann weiter. Bei einer weiteren kleinen Häuseransiedlung macht der Weg eine Rechtskurve. Hier dem Schild Sackgasse folgen. Nach einem kurzen Waldstück kommt eine kleine Talsenke mit anschließendem leichten Anstieg. Schön ist hier der Panoramablick von der Gis bis nach Kirchschlag. Nach dem Haus auf der Bergkuppe führt eine langgezogene Rechtskurve zu einem Privathaus, dem Ende des Weges. Gleicher Rückwie Hinweg.

Im Pelmbergstüberl kann man sich gut aufwärmen

6 Schlittenpartie auf der Gis (ca. 927 m)

Lichtenberg: Spielmöglichkeiten im Sommer, Rodeln im Winter nö

Der Wanderweg von Lichtenberg auf die Gis bietet bei sehr guter Schneelage eine Möglichkeit, den Kinderwagen gegen den Schlitten zu tauschen. Vom stetig ansteigenden Wanderweg gibt es traumhafte Ausblicke ins Tal. Oben angelangt ist das Gasthaus zur Gis mit der großen Sonnenterrasse ein angenehmer Rast- und Einkehrplatz. Wir empfehlen jedoch aufgrund der stetigen Steigung, die Strecke mit einem zweiten Erwachsenen zu gehen, um sich beim Ziehen des Schlittens abwechseln zu können. Ideal ist es auch, wenn euer Kind schon sitzen kann, da mit dem Kind bei guter Schneelage abschnittsweise schon hinuntergerodelt werden kann. Wenn nur oben Schnee liegt, empfehlen wir mit dem Auto hinauf zu fahren.

Wetter:	Anforderung:	Gesamtdauer: 2 h

Anforderung:	Schwierig, da stetige Steigung; ca. 200–300 Meter sind sehr holprig, ansonsten gute Wald- bzw. Schotterwege. Achtung: Nur als Tragetour in der schneefreien Zeit möglich.
Dauer:	Eine Strecke: ca. 1 Std.; 4 km.
Wetter:	Nur bei guter Schneelage, bei Schneematsch zu anstrengend. Zur Hälfte im Schatten.
Rodelstrecke	Mehrere nette Rodelhänge am Weg und beim Gasthaus zur Gis.

Wanderwert für (Geschwister-) Kinder:	
2–3 Jahre:	Sehr nette Schlittenstrecke. In diesem Alter vielleicht nur einen Teil der Strecke gehen. Spielplatz beim Gasthaus, der allerdings im Winter nicht benutzbar ist, aber auch so gibt es oben genug Möglichkeiten, im Schnee zu spielen bzw. zu rodeln. Beim Nebengebäude gibt es ein Freigehege mit Ziegen, Ponys und Hühnern. Großer Spielplatz auch beim Ausgangspunkt.
4–6 Jahre:	Siehe unter 2–3 Jahre. Vielleicht kann die Schneefee auf Teilstücken Belohnungen auslegen, dann wird die Strecke gleich kürzer.
Kinderfahrrad:	Nicht geeignet.

Navi: 4040 Lichtenberg, Schmiedbachwegt 1.

Anfahrt: A7 Mühlkreisautobahn, Abfahrt Linz-Urfahr, Richtung Bad Leonfelden in die Leonfeldnerstraße einbiegen, an der 3. Ampel (linker Hand ist eine Apotheke) links abbiegen und dann beim Wegweiser Lichtenberg gleich wieder links, der Straße folgen bis Lichtenberg.

Ausgangspunkt (AP): Parkplatz „Zum guten Gewissen", links der Straße, gegenüber der Feuerwehr Lichtenberg.

Bus/Bahn: Direktverbindung Bus bis Hst. Lichtenberg Gemeindeamt.

Infos/Gaststätten: Gashaus „Zur Gis", Auf der Gis 1, Lichtenberg bei Linz, zu jeder Jahreszeit ein beliebtes Ausflugsziel, dementsprechende Preise, Tel. 07239/6230, www.gisaustria.com, geöff. Sa–Di ab 10 Uhr, Fr ab 14 Uhr, Ruhetage: Mi, Do.

Wegbeschreibung „Auf die Gis":

Vom Parkplatz nach links in das Ortszentrum Lichtenberg gehen, bei der großen Kreuzung rechts weiter in die Gisstraße abbiegen. Nach 250m links in die Hametnerstraße einbiegen und beim Bauernhof vor dem kleinen Wald der Wanderwegmarkierung auf den Güterweg nach rechts folgen. Der Markierung und dem Straßenverlauf bergauf folgen. Man passiert die Häuser auf der Anhöhe und bleibt immer geradeaus. Bei einem Rotwildgehege weist der gelbe Wegweiser „Gis über Mühlberg

144" den Weg, der zum Teil durch den Wald, zum Teil über Wiesenwege führte. Bei einem Marterl rechts abzweigen und dem Wanderwegweiser „Giselawarte 144" bergauf in den Wald folgen. Im Winter: Nach einer Linkskurve die große Wintersportwiese mit Ski- und Schlittenspuren überqueren und dann vor dem Wald den ausgetretenen Pfad Richtung Sender gehen. Achtung: Hier nicht dem Weg in den Wald folgen. Oben angelangt, liegt rechts das Gasthaus zur Gis. Liegt kein Schnee, dann einfach dem Wegverlauf weiter bis zum Waldrand folgen und dort nach rechts zum Gasthaus gehen. Der Ausblick belohnt die Anstrengung. Abwärts rodelt man am besten die Wintersportwiese bis zur Höhe der Häuser hinunter und geht ab hier denselben Rück- wie Hinweg zum Ausgangspunkt.

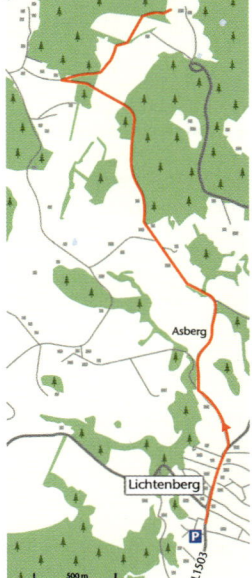

7 Rundweg in Erdleiten (ca. 600 m)

Bad Zell: Erholsame leichte Wanderung in hügeliger Landschaft

aw

Abseits vom Trubel der Stadt und doch gut erreichbar liegt der kleine Kurort Bad Zell. Eingebettet in sanft hügelige Mühlviertler Landschaft, bietet der Ort mit der Therme und schönen Langlaufloipen viele Freizeitmöglichkeiten. Im ca. 4,5 km außerhalb von Bad Zell gelegenen kleinen Ort Erdleiten lädt eine nette, sonnige Runde mit schönen Ausblicken zum Wandern mit oder ohne Kinderwagen ein.

Wetter:	Anforderung:	Gesamtdauer: 1 ½ h

Anforderung:	Leicht, asphaltierte Güterwege mit geringen Steigungen. Je nach Witterung entweder gepresster Schnee oder gänzlich geräumt. Wenig befahren.
Dauer:	RW: ca. 1 ½ h.
Wetter:	Ideal bei Sonnenschein; bei windigem Wetter aufgrund der exponierten Lage eher ungeeignet.
Rodelstrecke	Es gibt mehrere Hügel, die jedoch nicht eigenspräpariert werden.

Wanderwert für (Geschwister-) Kinder:	
2–3 Jahre:	Erste Gehversuche mit den Kleinen möglich, aber auf jeden Fall Kinderwagen mitnehmen. Nette, überschaubare Therme im Ort.
4–6 Jahre:	Siehe 2–3 Jahre. Eher nein, da relativ lang und die Strecke wenig Interessantes für größere Kinder bietet. Für geübte Rollerfahrerinnen sind die asphaltierten Straßen bergab ein Spaß, bergauf muss der Roller auf den Kinderwagen geladen werden.
Kinderfahrrad:	Geeignet, aber Steigungen und Autoverkehr.

Navi: 4283 Bad Zell, Erdleiten 3

Anfahrt: Autobahn A7 Richtung Freistadt, am Ende der Autobahn Bundesstraße 124 Richtung Pregarten/Tragwein, in Bad Zell links ins Zentrum einbiegen, am Ende des Marktplatzes von Bad Zell geht die Abzweigung rechts Richtung Lanzendorf/Erdleiten weg; am besten den grünen Hinweisschildern „Wirt in Erdleiten" folgen.

Ausgangspunkt (AP): Ausgangspunkt für diese Runde ist der auch an einer Langlaufloipe und diversen Fahrradrouten gelegene „Wirt in Erdleiten". Parkplätze beim Wirtshaus vorhanden.

Infos/Gaststätten: *Gasthaus „Wirt in Erdleiten", Fam. Ratzenböck,ganztägig gutbürgerliche Küche, kleiner Gastgarten und eingezäunter Kinderspielplatz, Stempelkasten mit Wanderstempel beim großen Baum im Gastgarten; Tel. 07263/7237, www.gh-ratzenboeck.at, Ruhetag Do. *Therme Bad Zell, Tel. 07263/7515, www.lebensquell-badzell.com, tägl. ab 10 Uhr geöff. *Schönes Freibad mit Piratenschiff in Tragwein: geöff. ab Mai bis Ende der Sommerferien tägl. 10–20 Uhr. Eintritt: Familienkarte € 8,50, Erw. € 3,50, Kinder ab 6 Jahren € 2.

Wegbeschreibung Erdleiten:

Vom „Wirt in Erdleiten" folgt man der Straße Richtung Tragwein leicht abwärts durch die Ortschaft. Nach knapp 5 Min. zweigt der Weg rechts – beim Hinweisschild „Radweg Hohenweg" – zum Güterweg Hinterberg ab. Den Berg hinunter erreicht man nach ca. 15 Minuten eine kleine Talmulde. Am Rand des kleinen Waldes links in den Güterweg Kuglberg einbiegen. Hier geht es durch ein kurzes Waldstück etwas bergauf.

Der Weg führt vorbei an einzelnen Häusern und Gehöften. Von dieser Seite des Rundweges bietet sich ein schöner Blick über die sanfte Mühlviertler Landschaft hin zur Wallfahrtskirche Allerheiligen. Der Güterweg Kuglberg mündet nach einem kurzen Abwärtsstück rechts in den Güterweg Schmierreith ein. Entlang einer mit Bäumen gesäumten sanften Rechtskurve geht es wieder bergauf und bald beginnt die zweite Hälfte des Rundweges. Ein längeres Waldstück sorgt für etwas kühlere Temperaturen. Nach dem Waldstück liegen linker Hand einige Gehöfte und ein Feuerwehrgebäude. Auf der Höhe der Feuerwehr zweigt der Weg rechts in den Güterweg Hinterberg ab, der anfangs bergab und dann den Berg hinauf nach Erdleiten führt. Der Güterweg Hinterberg ist der am stärksten befahrene Teil der Strecke.

8 Im Kürnbergwald

Leoning: Schlittenwanderung

Der Kürnbergwald, zwischen Leonding und Wilhering gelegen, hat zu jeder Jahreszeit seine Reize, ganz besonders bei Schneelage. Dann herrscht dort ein reges Treiben von Wintersportlerinnen: Rodlerinnen, Langläuferinnen und sogar Schitourengeherinnen gehen hier ihrem Sport nach. Diese Wanderung kann in der schneefreien Zeit und bei trockenem Boden mit dem Kinderwagen unternommen werden, besonders nett ist sie aber, wenn man die „Kleinen" auf die Rodel legt oder setzt. Der Rückweg wird so zu einer gemeinsamen Rodelpartie.

Wetter: Anforderung: Gesamtdauer: ¾ h

Anforderung:	Mittel, Steigungen sind zu bewältigen. In der schneefreien Zeit Schotterweg.
Dauer:	Ca. 45 Minuten, einfache Strecke.
Wetter:	Bei jedem Wetter, auch bei Wind oder leichtem Schneefall geeignet, da der Wald Schutz bietet. Unmittelbar nach starken Schneefällen kann es sein, dass der Weg nicht genügend ausgetreten ist. Ungeeignet bei feuchten Verhältnissen, da der Weg dann sehr „gatschig" ist. Auch besonders gut für heiße Sommertage.
Rodelstrecke:	Klassische und daher beliebte Rodelstrecke.

Wanderwert für (Geschwister-) Kinder:	
2–3 Jahre:	Mit Rodel zum Ausrasten sehr gut geeignet. Auch kurze Teilstücke lohnend. Schöner Naturspielplatz nach den ersten 100 Metern der Wanderung (Klettergerüst, Schwebewippe, Hängebrücke, breite Rutsche)
4–6 Jahre:	Diese Wanderung ist von der Weglänge her ideal für diese Altersgruppe. Um Motivationsein vorzubeugen, kann die Schneefee ab und zu etwas Gutes fallen lassen. Die Suche nach dem nächsten Stück kann sehr kurzweilig werden und mit gleichaltrigen Freunden sowieso.
Kinderfahrrad:	Nicht geeignet.

Navi: 4060 Leonding, Forsthausstraße 72

Anfahrt: A7 Mühlkreisautobahn, Ausfahrt Leonding, weiter Richtung Ortszentrum Leonding, im Ortszentrum weiter auf der Bundesstraße (Ruflingerstraße) Richtung Eferding, im Ortsteil Bergham rechts in die Schafferstraße einbiegen, (Wegweiser zum Ghf. „Schoffpaur"), dann die erste Möglichkeit rechts in die Forsthausstraße einbiegen und dem Straßenverlauf bis zum Parkplatz folgen.

Ausgangspunkt (AP): Parkplatz beim Forsthaus. Wer die Wanderung etwas verlängern möchte, geht vom Ghf. „Schoffpaur" weg. (ca. 10 Minuten bis zum Parkplatz).

Bus/Bahn: Direktverbindung Bus bis Hst. „Am Dürrweg". Von der Hst. den Dürrweg hinaufwandern, dann links in die Schafferstraße, dann rechts in die Forsthausstraße einbiegen und diese bis zum AP hinaufwandern. (20 Min. Gehzeit).

Infos/Gaststätten: Ghf. Schoffpaur, Weinbergweg 2, Tel. 0732/680101, www. schoffpaur.at, geöff. Mi-Fr von 11.30-20 Uhr und Sa-So von 11.30-14 Uhr, Ruhetage Mo, Di.

Wegbeschreibung Schlittenwanderung im Kürnbergwald:

Knapp nach dem Parkplatz befindet sich das Forsthaus. An diesem vorbei folgt man links dem Forstweg. Beim schönen Waldspielplatz rechts hinauf und links der rot-weiß-roten Markierung folgen. Bereits nach wenigen Gehminuten ist die größte Steigung des gesamten

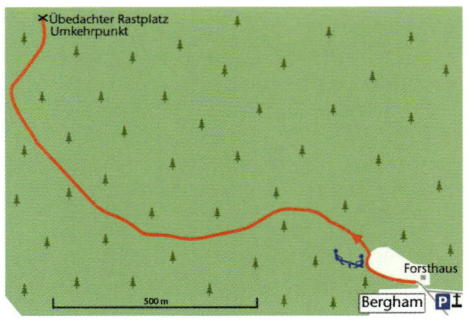

Weges zu bewältigen. Dieser Streckenteil ist daher auch eine beliebte Rodelstrecke. Danach wird der Weg etwas flacher und der Wald lichter. Von dort hat man einen schönen Ausblick auf Leonding, und bei guter Sicht, bis ins Alpenvorland. Man geht auf dem Hauptweg, der stetig bergauf führt, immer geradeaus weiter. An der Weggabelung dem Hinweisschild nach Wilhering bergauf folgen. Der große überdachte Rastplatz bei der Wegkreuzung ist der Umkehrpunkt für diese Wanderung, da von dort weg der Rückweg mit der Rodel am lohnendsten ist. Man könnte von hier noch weiter Richtung Dörnbach und Wilhering weiterwandern. Beim Rastplatz gibt es einen kleinen Spielplatz mit Schaukel und Wippe.

Der gemütliche Spaziergang, der vom Ortszenturm von St. Florian auf die sonnseitigen Felder führt, ist an sich wenig spektakulär, aber beim Anstieg auf den „Kogl" hat man einen schönen Blick auf das Augustiner Chorherrenstift von St. Florian. Außerdem werden die Güterwege wenig befahren und trotzdem geräumt. Aber wovon die Wanderung besonders lebt, ist die anschließende Einkehr im Palmenhaus. Hier gibt es eine, für Kinder besonders beeindruckende, Papageien-Voliere (Käfig). An Wintertagen kann so Urlaubs- und Frühlingsstimmung getankt werden. Das Stift, das Feuerwehrmuseum oder auch das Freilichtmuseum im Sumerauerhof laden zu einem Kulturprogramm ein.

Wetter: 　　Anforderung: 🟡　　Gesamtdauer: 1 ½ h

Anforderung:	Leicht, die gesamte Strecke führt über asphaltierte Straßen und Güterwege. Leichte Steigungen.
Dauer:	Eine Strecke: ca. ¾ Std.
Wetter:	Geeignet in der kalten Jahreszeit. Gesamter Weg führt über offene Fläche.

Wanderwert für (Geschwister-) Kinder:	
2–3 Jahre:	Für Kinder ist die Papageien-Voliere im Palmen-haus-Café besonders beeindruckend. Im Sumerauer-hof (Freilichtmuseum) ist ein Streichelzoo geplant.
4–6 Jahre:	Nur für gehfreudige Kinder.
Kinderfahrrad:	Nicht geeignet.

Navi: 4490 St. Florian, Marktplatz 7

Anfahrt: A7 Mühlkreisautobahn Richtung Wien, A1, Abfahrt Asten/St. Florian. Rechts abbiegen Richtung Richtung St. Florian. Nach ca. 3 km beim Kreisverkehr rechts nach St. Florian abbiegen und auf der Thannstraße ins Ortszentrum.

Ausgangspunkt (AP): Ortszentrum Marktplatz von St. Florian. Parkmöglichkeiten vorhanden, ansonsten befindet sich ein großer Parkplatz direkt beim Stift St. Florian.

Bus/Bahn: Direktverbindung Bus bis Hst St. Florian Zentrum.

Infos/Gaststätten: *Feuerwehrmuseum, Tel. 02724/4219, geöff. v. 1. Mai bis 31. Okt. tgl. außer Mo 10-12 Uhr u. 14-17 Uhr, feuerwehrmuseum-stflorian.at.

*„La Gioia", Café im Palmenhaus (Gärtnerei Sandner), Papageien-Voliere im Kaffeehaus, Stiftstraße 3a, Tel. 07224/80881, geöff. tgl. außer Do u. So von 14-17 Uhr, im Jänner zu Beginn des Jahres für etwa zwei Wochen geschlossen, www.sandner-gaertnerei.at. *Ghf. „Goldener Löwe", große Kinderspielecke, Speiserberg 9, Tel. 07224/8930, geöff. Do-Mo, www.goldenerloewe-wimhofer.at. *Freilichtmuseum Sumerauerhof, www.ooelkg.at, Tel. 07224 8031.

Wegbeschreibung Koglwanderung in St. Florian:

Vom Ortszentrum wandert man die Thannstraße (auf der man angereist kam) entlang, dorfauswärts zurück zum Kreisverkehr. Beim Kreisverkehr die Landesstraße geradeaus überqueren und weiter zum Parkplatz der Landwirtschaftsschule (Hinweisschild: Hausleiten).
Von dort aus links weiter auf der Straße Richtung Weiling. Bei der zweiten Wegkreuzung rechts abbiegen und dem Güterweg Kogl (beschildert) folgen, der an einer kleinen Siedlung vorbeiführt. Nun geht's immer geradeaus bis zu einer Wegkreuzung am Waldrand.

Der höchste Punkt und damit auch das Ziel der Wanderung sind erreicht. Ein nettes Bankerl lädt zu einer Rast und zum Sonnenbad ein, bevor es am gleichen Weg wieder zurück ins Zentrum von Sankt Florian geht.

Lohnend ist auch eine anschließende Einkehr im Palmenhaus. An Wintertagen kann so Urlaubs- und Frühlingsstimmung getankt werden. Die Papageien-Voliere im Café ist vor allem für Kinder beeindruckend.

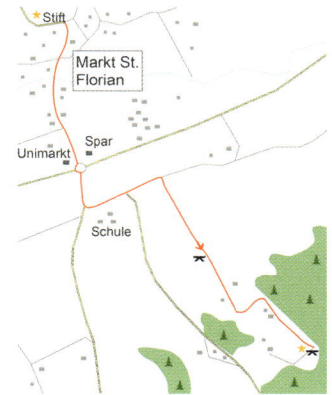

10 Von Christkindl nach Steyr
Steyr: Vor allem im Advent ein lohnendes Ausflugsziel

la

Der Wallfahrtsort Christkindl und die Stadt Steyr sind vor allem im Advent beliebte Ausflugsziele. Die Stadt Steyr gilt im Winter sogar offiziell als Christkindlstadt Österreichs. In der Vorweihnachtszeit können im eigens eingerichteten Sonderpostamt in Christkindl Weihnachtsgrüße verschickt werden. Rund um den Steyrer Advent gibt es ein breites Angebot an Aktivitäten. Die Wallfahrtskirche von Christkindl und die Stadt Steyr mit der schönen Altstadt sind auch unterm Jahr einen Besuch wert. Aufgrund der Parkmöglichkeiten wird empfohlen, von Christkindl nach Steyr und retour zu gehen.

Wetter:  Anforderung: Gesamtdauer: 2 h

Anforderung:	Leicht, da asphaltierter Weg
Dauer:	Eine Strecke: ca. 60 min.
Wetter:	Geeignet für jedes Wetter.

Wanderwert für (Geschwister-) Kinder:	
2–3 Jahre:	Attraktiv in der Adventzeit ist alles rund um den Steyrer Advent und den Wallfahrtsort Christkindl mit der Krippenausstellung. Für die größeren Kleinen im Kinderwagen kann es nach einem Spaziergang durch die Natur auch abwechslungsreich sein, wieder etwas von der Stadt mit etwas mehr Trubel zu erleben. Wunderschöner Spielplatz im Schlosspark. Steinböcke im Schlossgraben.
4–6 Jahre:	Siehe 2–3 Jahre. Fahrten mit der Steyrtal-Museumsbahn während der Adventzeit.
Kinderfahrrad:	Geeignet, aber Autoverkehr.

Navi: 4400 Steyr, Christkindlweg 6

Anfahrt: A1 Richtung Wien, Abfahrt Enns-Steyr, B 309 Richtung Steyr, kurz vor Steyr geradeaus die B 115 (Ennser Straße) weiterfahren und bei der Kreuzung am Tabor rechts Richtung Sierning abbiegen; nach ca. 1 km links abzweigen (bei Hinweisschild Richtung Zentrum), nach Überquerung der Steyr und Passieren des romantischen Wehrgrabenviertels erreicht man einen Tunnel; gleich nach dem Tunnel rechts abbiegen (Hinweisschild Christkindl) und ab hier den Hinweisschildern Christkindl folgen.

Ausgangspunkt (AP): Wallfahrtskirche Christkindl, Parkplätze vorhanden, zur Adventzeit gibt es wochentags gute Parkmöglichkeiten, an den Adventsonntagen schwieriger, keine Parkgebühren.

Bus/Bahn: Mit der Bahn bis Steyr. Umsteigen in Bus bis Hst. Garsten Christkindlstraße.

Infos/Gaststätten: *Hotel & Restaurant Christkindlwirt, am AP der Wanderung, Tel. 07252/52184, www.christkindlwirt.at, tägl. geöff; *Infos zum Adventprogramm: Tourismusverband Steyr , Tel.: 07252/53229, www.steyr.at. Im Advent: Oldtimer Postbusse zwischen Christkindl und Stadtplatz Steyr (gute Alternative für den Rückweg).

Wegbeschreibung Christkindl:

Von der Wallfahrtskirche in Christkindl führt der Weg geradeaus über eine kleine Brücke den Christkindlweg entlang. Rechts befinden sich einige Häuser und ein Areal mit angepflanzten „kleinen Christbäumen", links geht es

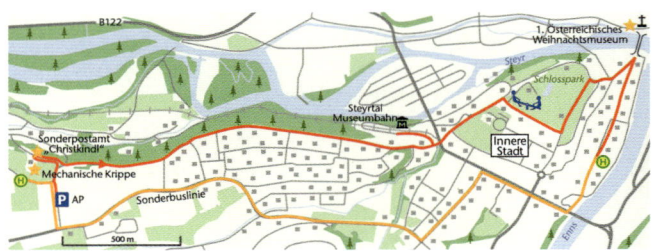

steil zur Steyr hinunter. Der anfangs schmale Schotterweg mündet nach ca. 10 Min. geradeaus in eine asphaltierte Straße (geringfügiger Anrainerverkehr). Der Weg ist jetzt rechts gesäumt von Wohnanlagen und Einfamilienhäusern. Links ist weiterhin der mit Bäumen bewachsene Abhang zur Steyr. Der Christkindlweg zieht sich bis kurz vor Steyr und mündet leicht bergab in die Redtenbachergasse (Achtung, keine Straßenbeschilderung). Weiter geht es geradeaus beim Gasthaus z'Alpe vorbei, dem Straßenverlauf folgend bergab in die Sackgasse hinein bis zu einer Kreuzung. Die Straße überqueren und dabei rechts halten, zum Schlosspark mit dem großen Spielplatz und einem Teich. Von hier aus geht man entweder durch den Park oder links in die Handel-Mazzetti-Pro-

menade Richtung Schloss. Innerhalb weniger Minuten erreicht man – über die Berggasse hinunter, dann rechts – (über die Enge Gasse) den Stadtplatz. Gleicher Rück- wie Hinweg.

Zusatztipp: Hellmonsödt
Alleewanderung mit Sonnenscheingarantie auf ca. 864 m Höhe

Eine Strecke ca. 30 min, leicht, Asphalt- und Forstweg, keine Steigung

Navi: 4202 Hellmonsödt, Marktplatz 1
Bus/Bahn: Direktverbindung Bus bis Hst Hellmonsödt Marktplatz.
Ausgangspunkt: Ortszentrum von Hellmonsödt bei der Pfarrkirche. Parkmöglichkeiten auch bei der Volksschule oder beim Sportplatz.

Die gesamte Breitlüsser-Waldrunde ist aufgrund des steigenden Autoverkehrs am Retourweg nicht mehr empfehlenswert. Zum Sonnentanken bietet sich nach wie vor die kurze Strecke in die Allee an. Es sollte jedoch nicht zu windig sein, da es stark ziehen kann. In der Allee laden einige Bankerl zu einer Rast und einem Sonnenbad ein. Dazu vom Ortskern der Landesstraße ortsauswärts Richtung Reichenau folgen, nach ca. 5 Min. bei Musik- und Volksschule in die Försterstraße rechts einbiegen und geradeaus weitergehen. Diese Straße wird zu einer Allee, der man weiterhin – vorbei am Forsthaus – folgt. Das Ende der Allee ist auch der Umkehrpunkt für diese Wanderung.
Wem das noch zu wenig ist, wandert die Forststraße durch den Wald weiter, solange es Schneebedingungen und Kondition zulassen. Diese Verlängerung ist jedoch schattig und der Wald wirklich kalt.

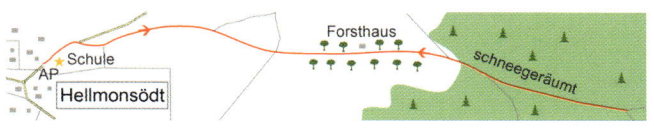

Klassisches Wanderwetter im Überblick

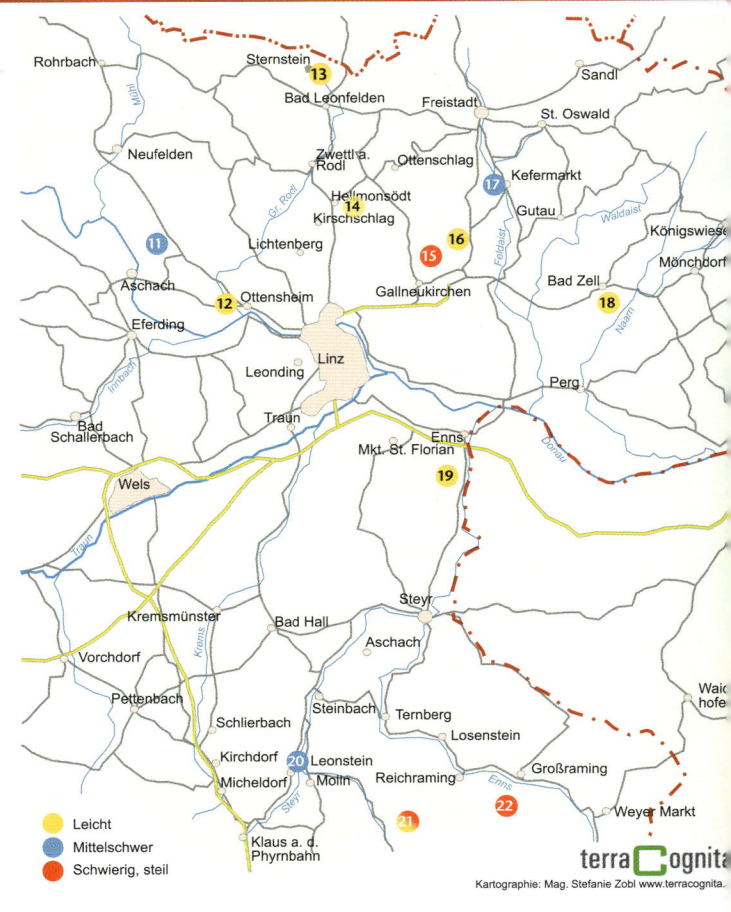

Rohrbach

Sternstein 13

Sandl

Bad Leonfelden

Freistadt

St. Oswald

Neufelden

Zwettl a. Rodl

Ottenschlag

Kefermarkt 17

Hellmonsödt

Gutau

Königswiese

Kirschschlag 14

11

Lichtenberg

16

15

Mönchdorf

Aschach

Ottensheim 12

Gallneukirchen

Bad Zell

18

Eferding

Linz

Perg

Leonding

Bad Schallerbach

Traun

Enns

Wels

Mkt. St. Florian

19

Kremsmünster

Steyr

Vorchdorf

Bad Hall

Aschach

Pettenbach

Steinbach

Ternberg

Waidhofe

Schlierbach

Losenstein

Kirchdorf

Leonstein 20

Großraming

22

Micheldorf

Molln

Reichraming

Weyer Markt

21

Klaus a. d. Phyrnbahn

Leicht

Mittelschwer

Schwierig, steil

terra Cognita

Kartographie: Mag. Stefanie Zobl www.terracognita.at

II. Klassisches Wanderwetter für den Frühling und Herbst

In diesem Kapitel findest Du Wege, die:
- bei jedem trockenen Wanderwetter gut zu gehen sind und
- besonders im Frühling oder Herbst ihren Reiz entfalten.

 Weitere Tipps und Touren auf facebook unter: **wandaverlag**

11 Kerzensteinweg im Pesenbachtal

Herzogsdorf: Natur pur

Das Pesenbachtal ist etwas für „Natur-Puristinnen". Zu Beginn etwas unromantisch kommt nach einer schmalen Asphaltstraße (sehr gut zum Skaten und Radeln geeignet) Natur pur. Das Geräusch des leise plätschernden Pesenbachs wirkt beruhigend und später bieten sich direkt am Bach schöne Picknickplätze an (Decke mitnehmen). Die Wanderung ist bequem mit der Mühlkreisbahn erreichbar. Achtung! Keine Einkehrmöglichkeit am Weg, deshalb ausreichend Proviant und evtl. im Sommer sogar Badesachen einpacken. An heißen Tagen ist es dort angenehm kühl und im warmen Bach können die Kinder wunderbar plantschen.

Wetter:	Anforderung:	Gesamtdauer: 1 ½–2 ½ h

Anforderung:	Mittel–schwierig (aufgrund der Wegbeschaffenheit). Im ersten Teil ist der Weg gut befahrbar, ab der Waldgrenze wird der Pfad jedoch sehr holprig.
Dauer:	Bis zu den Picknickplätzen ca. 45 min; ca. 2 ½ km eine Strecke. Verlängerung (nur mit Trage möglich) bis zum Kerzenstein: weitere ca. ½ h, ca. 2 km.
Wetter:	Trockenes Wanderwetter, auch an heißen Sommertagen geeignet, erster Abschnitt jedoch sonnig.

Wanderwert für (Geschwister-) Kinder:	
2–3 Jahre:	Nette Bachzugänge zum Plantschen.
4–6 Jahre:	Siehe 2–3 Jahre. Die Anfahrt mit dem Zug ist hier sehr gut möglich (gleicher Ausgangspunkt).
Kinderfahrrad:	Fallweise geeignet, für kleine Kinder evtl. zu holprig.

Navi: Die Schlosserei Kögl gegenüber hat die Adresse: 4175 Herzogsdorf, Gerling 3. Wir haben uns jedoch beim Überprüfen des Weges mit dieser Adresse komplett verfahren. Deshalb die Koordinaten: N48°23.8110; E014°04.610)

Anfahrt: B 127 Richtung Rohrbach, ca. 20 km von Linz entfernt befindet sich rechts neben der Bundesstraße der Bhf. Gerling.

Ausgangspunkt (AP): Pendlerparkplatz Bahnhof Gerling.

Bus/Bahn: Mit der Mühlkreisbahn bis Hst. Gerling.

Infos/Gaststätten: Keine Gaststätten am Weg. *Bahn: Auskunft Mühlkreisbahn: www.ooeb.at oder Call Center: 05-1717.

Weg-beschreibung Kerzensteinweg:
Die B127 überqueren. Direkt gegenüber beginnt ein Asphaltweg. Diesem folgen und die erste Abzweigung rechts in den Güterweg Anzingmühle einbiegen.

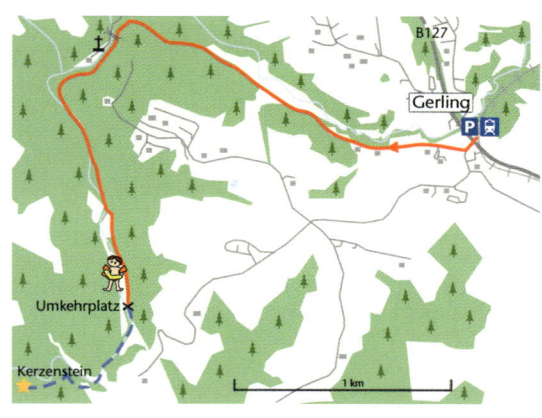

Nun folgt ein kurzer, nicht sehr schöner Abschnitt an Betriebsgebäuden vorbei. Die Straße mündet bald, bei einem Hof (Hausnr. Anzing 9), in einen Schotterweg. Nun immer geradeaus der Beschilderung „Kerzenstein-weg" folgen. Bei einer Weggabelung rechts halten. Nach nicht ganz 2 km erreicht man eine markante Brücke mit Marterl. Hier weiter auf der linken Seite des Pesenbachs bleiben. Ab hier beginnt der schönste Abschnitt der Wanderung. Nach einer weiteren ca. ¼ h führt der Weg ganz nah an den Pesenbach heran. Hier sind ein paar Picknickplätze im Schatten. Gleicher Hin- wie Rückweg.

Verlängerung mit Trage (nicht kinderwagengeeignet):
Mit einer Trage kann man – vielleicht nach einer Pause – weiter bis zum Kerzenstein gehen. Vorbei geht es an einem markanten gelben Haus mit einer Art „Totempfahl" neben dem Weg. Ca. 100 m weiter führt der Schotterweg steil bergauf. Oben angelangt rechts halten, immer der Be-schilderung „Kerzenstein" folgen. Im Wald führt dann links ein steiler Waldweg zum noch ca. 10 Min. entfernten Naturdenkmal Kerzenstein – einem großen Granitblock – weg.

12 „Ottensheimer Obstgarten"

Ottensheim: Urlaubsfeeling an der Donau

br

Besonders reizvoll sind hier die Streuobstwiesen und der Donaualtarm mit seiner Regattastrecke. Im Frühjahr verströmen die blühenden Obstbäume wunderbare, intensive Gerüche. Der alte Markt Ottensheim, der ebenfalls zu Fuß erreichbar ist, hat eine idyllische Uferpromenade. Der Streckenabschnitt entlang des Donaualtarms wirkt aufgrund des ruhigen Gewässers und der dahingleitenden Ruderboote sehr stimmungsvoll. Der Spielplatz am Rodlgelände lässt den Kindern ausreichend Raum zum Herumtoben. Und als Draufgabe gibt es noch den am Weg liegenden Badeplatz an der Donau mit ganz feinem Sand. Die Rückmeldungen von Wanderinnen reichen von: „weckt Urlaubsgefühle" bis hin zu „südlichem Flair".

Wetter:	Anforderung:	Gesamtdauer: 1 ½ h

Anforderung:	Leicht, großteils eben. Teilw. Asphaltwege, teilweise Feld- und Wiesenwege. Bei hohem Gras im Hochsommer ist der Weg nur mit Trage möglich.
Dauer:	RW: ca. 1 ½ h; vom Spielplatz zum Ortszentrum: ca. 15 min.
Wetter:	Trockenes Wanderwetter, jed. nicht im Hochsommer.

Wanderwert für (Geschwister-) Kinder:

2–3 Jahre: Großer Spielplatz am AP, der Donauradweg und die Strecke vom Spielplatz zum Ortszentrum sind mit Kinderdreirad befahrbar, feiner Sand an der Donau, Wechselkleidung nicht vergessen.

4–6 Jahre: Siehe 2–3 Jahre. Am Spielplatz große Hangrutsche vorhanden, Donaufähre im Ortszentrum.

Kinderfahrrad: Ja, aber teilweise ebener Wiesenweg, siehe Anforderung. Ideal zum Radfahren für Kinder ist der Streckenabschnitt rund um den Regattaplatz.

Navi: 4100 Ottensheim, Rodlstaße

Anfahrt: B127 Richtung Ottensheim, auf der Höhe Ottensheim Abzweigung Richtung Regattastrecke/Badesee Feldkirchen nehmen, die beiden Kreisverkehre gerade überqueren, vor dem 3. Kreisverkehr rechts abbiegen und bei der nächsten Kreuzung rechts halten – grundsätzlich den Hinweisschildern Richtung Regattastrecke folgen

Ausgangspunkt (AP): Parkplatz am Damm des Rodlspielplatzes an der Straße Richtung Goldwörth (beim kleinen Rastplatz mit Fahrradständer).

Bus/Bahn: Mit der Mühlkreisbahn bis Hst. Dürnberg. Von Dürnberg auf dem an der Donau entlang führenden Radweg vorbei am Markt Ottensheim bis zum AP, dem Spielplatz am Rodlgelände, wandern (ca. 30 Min. Gehzeit). Schöne Wegstrecke!

Infos/Gaststätten: *Tourismusverband Ottensheim, Tel. 07234/82255 30, www.ottensheim.info; *Regatta Restaurant, geöff. Di-Sa 10-22 Uhr, So 10-20 Uhr, Tel. 07234 83985, regattarestaurant.business.site. *Gasthäuser im Ortszentrum Ottensheim, z.B.: Donauhof An der Fähre, Tel. 07234/83818-0, www.donauhof.cc.

Wegbeschreibung Ottensheimer Obstgarten:

Die Runde beginnt auf der asphaltierten, kaum befahrenen Straße Richtung Goldwörth. Nach der Rodlbrücke geht nach ca. 100 m links ein asphaltierter Güterweg mit einem „Durchfahrt verboten"-Schild leicht schräg weg. Diesem solange folgen (ca. 200 m), bis man bei der ersten Gelegenheit rechts in einen Wiesenweg einbiegen kann. Dieser Weg führt zwischen Obstbäumen und vorbei an Kopfweiden. Bei der Mündung

in einen Feldweg rechts weitergehen. Nach einer weiteren Obstbaumwiese und einem kurzen Auwaldstreifen endet der Weg und es geht nun links über einen kleinen, leicht ansteigenden Pfad zum asphaltierten Donauradweg. Dieser Pfad ist bei hohem Gras kaum sichtbar. In dem Fall sollte man nach dem Auwaldstreifen umdrehen. Ansonsten dem leicht ansteigenden Pfad links folgen. Nach dem Regatta-Restaurant lohnt sich beim Waldstück ein Abstecher rechts hinunter zum Donaustrand. Zum Ausgangspunkt wandert man auf dem Donauradweg bis zur Rodlbrücke und biegt dort rechts ab.

Vom AP ins Ortszentrum: Entlang der Donaulände erreicht man in ca. 15 Min. das Ortszentrum und die Donaufähre nach Wilhering.

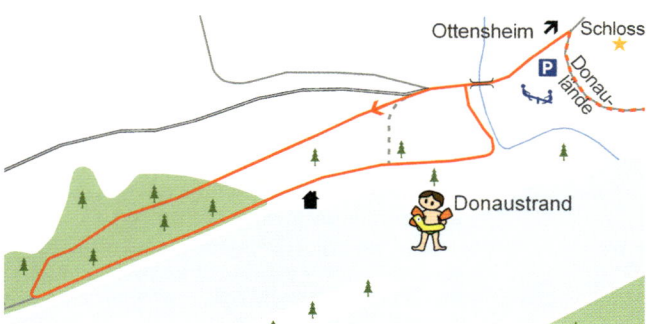

13 Wanderung am Sternstein (960m)

Bad Leonfelden: Von der Waldschenke zum Hölzernen Herrngott   rei, s

Der Sternstein mit einer Seehöhe von 1125 Metern ist ein Anziehungs-
punkt für viele Wandererinnen, Mountainbikerinnen und für Wintersport.
Besonders in den „nebeligen" Monaten kann man hier so richtig Sonne
tanken und auf den vielen Wanderwegen, die für das Mühlviertel so ty-
pische Gegend, kennen lernen. Einmalig ist der Rundblick von der Aussichtswarte am Gipfel des Sternsteins, der mit Kinderwagen leider nicht
erreichbar ist. Dies sollte man unbedingt nachholen, wenn die Kinder älter
sind oder mit Trage gehen. Im Winter gibt es eine Rodelstrecke, siehe Infos.

Wetter:	Anforderung: 🟡	Gesamtdauer: 1 ½ h

Anforderung:	Leicht, breiter Forstweg über die gesamte Strecke mit nur ganz leichten Steigungen; Tragetuch-/für kleine Füße: leicht.
Dauer:	45 Minuten für die einfache Strecke. Tragetuch-/für kleine Füße: Austieg ca. 1 h.
Wetter:	Bei fast jedem Wetter geeignet. Die Strecke liegt zwar im Wald, aber der Weg ist sehr breit und der Wald nach oben hin sehr licht, bei Regen daher kein großer Schutz durch Bäume.

Wanderwert für (Geschwister-) Kinder:

2–3 Jahre: Beim Gasthaus Waldschenke gibt es einen Spielplatz. Trage für Wandertipp – siehe unten.

4–6 Jahre: Beim 1000-Hm-Platzerl gibt es einen Steinbrunnen mit einem kleinen Bachlauf. Im Sommer gibt's Himbeeren und Heidelbeeren zum Naschen und im Winter eine Rodelstrecke hinter dem Gasthaus. Siehe Tipp für kleine Füße und Infos.

Kinderfahrrad: Nicht geeignet.

Wandertipp für kleine Füße:

Anstieg zum Sternstein-Gipfel (1125 m) und Besteigung der Franz-Joseph-Warte. Von dort genießt man durch die bunten Fenster einen wunderschönen Ausblick bis in die Alpen, nach Tschechien und ins Mühlviertel. Von der Waldschenke den Wiesenweg hinaufwandern, dann den Wegweisern „Nordwaldkammweg" bis zum Gipfel folgen. Dauer: 1 Std. für die einfache Strecke.

Navi: 4190 Bad Leonfelden, Amesberg 11

Anfahrt: A7 Mühlkreisautobahn, Ausfahrt Urfahr, weiter auf der Bundesstraße Richtung Bad Leonfelden. Die Umfahrung bis zum Kreisverkehr fahren, dort die Abzweigung „Bad Leonfelden Nord" nehmen und danach sofort nach rechts abbiegen und dem grünen Hinweisschild Waldschenke folgen. Dann 3 km die Bergstraße zum Parkplatz des Gasthauses hinauffahren.

Ausgangspunkt (AP): Parkplatz Berggasthof Waldschenke.

Bus/Bahn: –

Infos/Gaststätten: *Berggasthaus Waldschenke, Sonnenterrasse mit prächtigem Ausblick, Kinderspielplatz (nicht vom Gastgarten einsehbar), Wickeltisch vorhanden; am Wochenende viel Andrang, Tischreservierung empfohlen, im Winter Rodelverleih: Richtpreis € 4, Tel. 07213/6279, www.waldschenke.at, Ruhetag: Do.

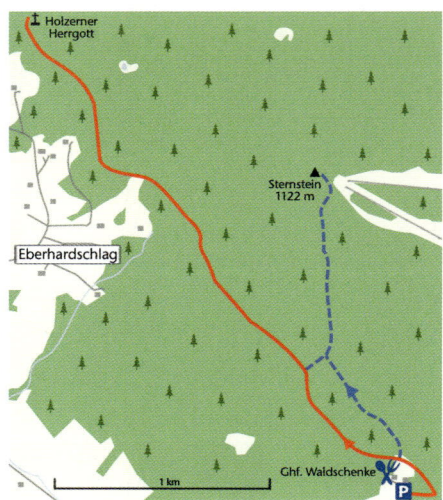

Weg von der Wald-schenke zum „Höl-zernen Herrgott":
Bei den unteren Park-plätzen (neben dem Schild Privatpark-platz Waldschenke) rechts die Forststra-ße hinaufwandern. Diese biegt nach wenigen Gehminu-ten scharf nach links und führt oberhalb des Gasthofes vorbei (Wegnummer 28). Man folgt diesem breiten Forstweg die gesamte Strecke hin-durch. Bei der ersten Wegkreuzung biegt man leicht nach links ab und folgt ab nun dem Hinweisschild „Wander-weg rund um den Sternstein". Ein Steinbrunnen am Wegrand markiert die 1000 Höhenmeter-Grenze. Dieser Platz mit schönen Bänken lädt zum Rasten ein, da man dort Ruhe und den schönen Ausblick ins Mühlviertler Hügelland genießen kann. Von dort geht man den Forstweg geradeaus weiter und erreicht bald das „Hölzerner Herrgott", ein schön geschnitz-tes Holzkreuz, den Umkehrpunkt dieser Wanderung. Wem diese Strecke zu kurz ist, wandert den Forstweg weiter. Dieser ist auch in der Folge sehr gut mit dem Kinderwagen begehbar. Für ganz ambitionierte „Wa-genschieberInnen": Die gesamte Sternsteinrunde, 8,5 km, ist mit dem Kinderwagen befahrbar (Weg Nr. 28).

Wegbeschreibung Sternsteingipfel: Siehe unter Wandertipp für kleine Füße.

14 Planetenweg

Hellmonsödt: Themen-Rundweg

rei, sk

Sehr attraktiver und kindgerecht gestalteter Themen-Rundweg, der mehrere Spielplätze miteinander verbindet. Eine ideale „Geschwisterwanderung", da es viele Stopps mit Spielgeräten gibt, womit es auch für ältere Kinder kurzweilig wird. Die Stationen „ziehen" die Kinder fast weiter. Wer länger gehen möchte, kann die offizielle Runde mit einem Abschnitt durch den Wald noch ausdehnen. Absolut empfehlenswert!

Wetter:	Anforderung:	Gesamtdauer: 1 ½ h

Anforderung:	Leicht, wenig befahrene Asphaltstraßen und Schotterwege, keine Steigung.
Dauer:	RW: 4 km; 1 ½ h; Verlängerung: 2,5 km; ca. ½ h.
Wetter:	Jedes nicht zu windige / regnerische Wanderwetter, da vorwiegend offenes Gelände. Ideal, wenn in Linz der Nebel über der Stadt hängt. Hellmonsödt liegt meist schon über der Nebelgrenze.

Wanderwert für (Geschwister-) Kinder:	
2–3 Jahre:	Gut geeignet wegen der Spielstationen. Für dieses Alter jedoch Trage oder Kinderwagen mitnehmen.
4–6 Jahre:	Bestens geeignet. Ausreichend Zeit zum Toben, Klettern und Spielen einplanen.
Kinderfahrrad:	Gut geeignet auch für Laufräder (Asphaltstraßen mit geringem Verkehr, Forstwege, Flurwege).

Navi: 4202 Hellmonsödt, Schulstraße 3

Anfahrt: A7 Mühlkreisautobahn Ausfahrt Urfahr, Bad Leonfelden, weiter auf der Bundesstraße Richtung Bad Leonfelden durch den Haselgraben. In Glasau Abzweigung rechts nach Hellmonsödt, weiterfahren ins Zentrum, Marktplatz. Weiterfahren auf der Bundesstraße Richtung Reichenau, gleich wieder rechts in die Schulstraße einbiegen und beim Spielplatz parken.

Ausgangspunkt (AP): Spielplatz (ausreichend Parkplätze).

Bus/Bahn: Direktverbindung Bus bis Hst Hellmonsödt Marktplatz. Vom Marktplatz entlang der Bundesstraße Richtung Reichenau gehen, dann rechts in die Schulstraße einbiegen (5 Min Gehzeit).

Infos/Gaststätten: Detaillierte Infos zum Weg, Übersichtsplan und Hintergrundinformationen findet man auf der offiziellen Homepage: www.planetenweg.at. Es gibt keine Gaststätten entlang des Weges, dafür aber einen Picknickplatz. Diverse Gasthäuser im Ortszentrum: *Ghf. „Reingruber" (Kirchenwirt), Marktplatz 16, Tel. 07215/2219 oder 0699/10082219, geöffn. Mo u. Do 9–14 Uhr und ab 17 Uhr, Fr, Sa und So ab 9 Uhr durchgehend, sehr kinderfreundlich, Spielecke und Wickelraum, www.gasthaus-reingruber.at; *Gasthof Post, Marktplatz 5, Tel.: 07215/38600, Do ab 17 Uhr, Fr-Mo ab 10 Uhr, Di/Mi Ruhetag, www.ghpost.at, schöne Sonnenterasse.

Wegbeschreibung Planetenweg:

Vom Spielplatz aus folgt man „Hellmondi", einer Art außerirdischem Männchen, ortsauswärts. Hellmondi ist die gesamte Runde immer zur Stelle und leitet die Wanderer sicher auf der Reise durch das Planeten- und Sonnensystem.

Die letzten Kurven zurück zum Ausgangspunkt streikt er jedoch. Hier folgt man den weißen Richtungspfeilen auf der Straße und findet so sicher zurück zum Ausgangspunkt.

Verlängerung:

An der Station Uranus vorbei den Försterweg weiter geradeaus in den Wald gehen. Bei der Weggabelung dem gelben Wegweiser zum Aussichtsturm nach links folgen. Am Ende der Forststraße wieder links abbiegen. Dieser Forstweg mündet in den offiziellen Planetenweg, Spielstationen werden durch die Verlängerung keine übersprungen.

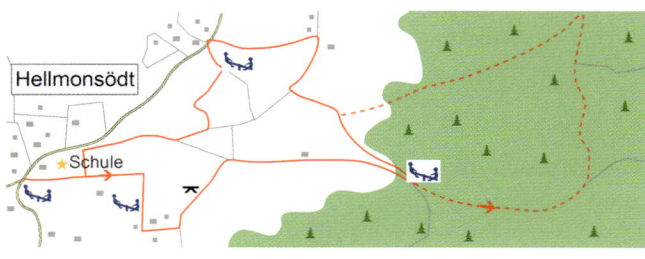

Im Fortsetzungsbuch Abenteuer Natur findet ihr viele Themenwege

Diese Wanderung sei nur jenen empfohlen, die über einen sehr geländegängigen Kinderwagen verfügen und denen holprige Strecken nichts ausmachen. Ansonsten ist hier die Trage besser. Wir empfehlen das Mirellental trotzdem, weil der mühsame Aufstieg durch einen herrlichen Ausblick belohnt wird und wer will, kann auch direkt zum Mirellenstüberl fahren.

Wetter:		Anforderung: 🔴	Gesamtdauer: 2 h

Anforderung:	Mittel–schwierig; stärkere Steigung gegen Ende der Wanderung; Weg kann ausgewaschen sein, in diesem Fall ist ein geländegängiger Kinderwagen notwendig.
Dauer:	Anstieg (Mirellental): ca. 1 ¼ h. Mit Trage Rückweg über Fitnessweg möglich.
Wetter:	Trockenes, schönes Wanderwetter. Auch an heißen Tagen geeignet, da großteils schattig.

Wanderwert für (Geschwister-) Kinder:	
2–3 Jahre:	Bach, bei der Jausenstation Spielplatz (Schaukel, Rutsche), auf der Rückseite des Hofes kann man in den Schweinestall schauen.
4–6 Jahre:	Siehe unter 2–3 Jahre. Brombeersträucher direkt neben dem Weg. In diesem Alter unbedingt die steilere, aber dafür aufregendere Tragetuchvariante gehen. Der Fitnessweg ist auch am Rückweg eine gute Alternative für gehende Kinder.
Kinderfahrrad:	Nicht geeignet.

Navi: 4210 Gallneukirchen, Oberndorf 23

Anfahrt: A7 Mühlkreisautobahn Richtung Freistadt, Abfahrt Gallneukirchen. Im Zentrum von Gallneukirchen gleich nach der Gusenbrücke links in die Straße Richtung Altenberg abbiegen (vor dem Marktplatz Gallneukirchen). Nach knapp 1 km (gegenüber dem Gästehaus „Waldheimat") geht linker Hand der Wanderwg Nr. 41 weg.

Ausgangspunkt (AP): Gekennzeichneter Wanderweg Nr. 41 gegenüber dem Gästehaus „Waldheimat". Ausgangspunkt für die Variante ohne Kinderwagen: 300 m vor dem beschriebenen Ausgangspunkt links die Abzweigung mit dem Hinweisschild „Zum Mirellenstüberl" nehmen. Parkplatz gleich an der Brücke.

Bus/Bahn: Direktverbindung Bus bis Hst. Gallneukirchen Marktplatz. Vom Marktplatz Richtung Gusen gehen, rechts in die Lederergasse einbiegen und bis zum AP wandern (ca. 20 Min. Gehzeit).

Infos/Gaststätten: Mirellenstüberl, große Jausenstation mit schöner Aussicht, renoviert 2019, Niederkulm 9, 4209 Engerwitzdorf, Tel. 07235/64210, geöff. Do: ab 17 Uhr, Fr, Sa: jeweils ab 13 Uhr.

Wegbeschreibung Mirellental:

Dem Wanderweg Nr. 41 geradeaus bis zur Abzweigung nach links „Mirellental" (Nr. 41) bzw. Fitnesswanderweg folgen. Nach Überquerung des Mirellenbaches der Schotterstraße durch den Wald folgen. Die Abzweigung nach links Richtung „Mirellenstüberl" auf keinen Fall nehmen (unbegehbar mit Kinderwagen), sondern geradeaus am Weg Nr. 41 bleiben. Aus dem Wald kommend geht es abschließend in einer Linkskurve bergan zum Mirellenstüberl. Geschafft – der Ausblick ist herrlich! Man kann auch auf der asphaltierten Straße zum Ausgangspunkt zurückgehen. Wir empfehlen jedoch den gleichen Rück- wie Hinweg, da er landschaftlich schöner ist.

Tragetuchvariante /gehende Kinder:

Vom Parkplatz die Straße „Zum Mirellenstüberl" überqueren und geradeaus dem Schotterweg entlang des Mirellenbaches folgen. Nach ca. 200 m macht der Weg an einem Haus eine scharfe Linkskurve und führt ca. 100 m leicht bergauf. Der Weg mündet in einen schönen Waldweg. Diesem rechts entlang des Baches folgen. Nach einem kurzen Stück erreicht man einen kleinen Rastplatz mit Hinweisen zur Pferdeeisenbahn. Auf einem Steg bei einem Haus überquert man den Mirellenbach und erreicht über einen leicht ansteigenden, gestuften Schotterweg den Wanderweg Nr. 41. Diesem links folgen.

Diese Etappe des Pferdeeisenbahnerlebnisweges ist sehr ansprechend, da es am Ende eine Einkehrmöglichkeit gibt. Bei Kratschis Fischerhütte kann man bei schönem Wetter nett einkehren und sich selbst im Angeln versuchen. Die Wanderung führt allerdings nicht auf der Original-Pferdeeisenbahntrasse, sondern entlang des unterhalb der Trasse für Kinderwagen besser geeigneten Weges parallel der Kleinen Gusen.

| Wetter: | Anforderung: | Gesamtdauer: 1 ½ h |

Anforderung:	Leicht. Asphalt- und guter Schotterweg, eben.
Dauer:	Eine Strecke: ca. 45 min.
Wetter:	Ideal für sonniges bis bewölktes Wetter, hier ist es immer ein bisschen kühler: Sommertipp!

Wanderwert für (Geschwister-) Kinder:

2–3 Jahre:	Kleine Rutsche in der Nähe des ehemaligen Pferdebahnstüberls.
4–6 Jahre:	Siehe unter 2–3 Jahre. Fischteiche bei Kratschis Fischerhütte mit Möglichkeit zum selber Angeln. Wechselkleidung nicht vergessen.
Kinderfahrrad:	Geeignet.

Navi: 4210 Unterweitersdorf, Alte Bahn 23

Anfahrt: A7 Mühlkreisautobahn Richtung Prag. Ausfahrt Unterweitersdorf nehmen und der Beschilderung nach Unterweitersdorf folgen. Durch Ortszentrum zum Sportplatz. Beim Sportplatz rechts dem Schild Pferdeeisenbahn und Pferdebahnstüberl folgen. Ca. 2,5 km bis zum Pferdebahnstüberl.

Ausgangspunkt (AP): Entlang der Straße vor dem Pferdebahnstüberl parken, wenig Parkmöglichkeiten.

Infos/Gaststätten: *Kratschis Fischerhütte, Fam. Kratschmayr, Tel. 0676/4450692, geöff. 1.Mai– Ende Okt. an Sa, So und Feiertagen. *Das Pferdebahnstüberl ist seit August 2018 leider geschlossen.

Wegbeschreibung Pferdeeisenbahn:

Beim Pferdebahnstüberl den Bach überqueren und scharf rechts weitergehen. Am Spielplatz vorbei und anfangs direkt entlang eines Baches (nicht dem Pferdeeisenbahn-Wanderweg folgen), dann entlang der Kleinen Gusen auf einer Forststraße weiter. Bei dem Marterl vor der Brücke gerade in die geschotterte Forststraße Greifenberg einbiegen. Der Weg führt nun oberhalb der Kleinen Gusen weiter. Nach ca. 20 Min. erreicht man die Abzweigung „zum Kratschi", die rechts wegführt. Nun über den Wiesenweg, der bei feuchtem Wetter matschig sein kann, in ca. 10 Min. zum Ziel.

Alternativer Rückweg (holpriger Weg):

Bei Kratschi weiter, den kleinen Hügel hinunter und über die kleine Gusen. An der Kreuzung links halten und den Schotterweg entlang weiter bis zur Steinmühle, wo der Bildhauer Peter H. Wahl sein Atelier hat und viele Skulpturen bestaunt werden können. Direkt danach links über die Brücke zurück auf die andere Seite der kleinen Gusen und sofort wieder links in den Pferdeeisenbahnweg einbiegen, der uns zurück zum Pferdebahnstüberl führt.

Der als „Erster österreichischer Bierlehrpfad" bezeichnete Weg gibt Einblick in die Herstellung des Gerstensafts. Neben diesen Informationen bietet der Weg aber auch eine gute Abwechslung zwischen Sonne und Schatten. Das letzte Steilstück des Bierlehrpfades ist für Kinderwägen nicht geeignet und wird von uns durch eine Streckenführung durch den Ort ersetzt. Ein kurzer Abstecher zur Pfarrkirche Kefermarkt lohnt sich nicht nur wegen dem Flügelaltar, sondern auch wegen des alten Marktprangers und des Marktrichterschwerts auf dem Platz vor der Kirche.

Wetter:	Anforderung:	Gesamtdauer: 1 ½ h

Anforderung:	Mittel; Schotter-, Wald- und Asphaltweg, teilweise schmal, geländegängiger Kinderwagen nötig.
Dauer:	RW: ca. 1 ½ h, (3 km) inkl. Verweildauer an den Stationen.
Wetter:	Klassisches Wanderwetter, bei Nässe rutschig.

Wanderwert für (Geschwister-) Kinder:	
2–3 Jahre:	Schön gelegener und schön angelegter Kinderspielplatz kurz vor Schloss Weinberg.
4–6 Jahre:	Siehe 2–3 Jahre. Schloss Weinberg, Wildgehege, Bierlehrpfad, kleiner Teich.
Kinderfahrrad:	Nicht geeignet.

Navi: 4292 Kefermarkt, Weinberg 2

Anfahrt: A7 Mühlkreisautobahn Richtung Freistadt. Bei Ausfahrt 1-Unterweitersdorf Richtung Unterweitersdorf fahren. Im Kreisverkehr dritte Ausfahrt nehmen und der B125 folgen, nach ein paar Kilometern auf die L1471 wechseln Richtung Kefermarkt. In Kefermarkt über Bahnübergang und der Beschilderung Schloss Weinberg folgen.

Ausgangspunkt (AP): Schlossbrauerei Weinberg. Die Parkplätze direkt vor dem Schloss und der Schlossbrauerei sind Kurzparkzonen. Der obere Parkplatz und die Parkplätze bei der Zufahrt zum Schloss haben unbegrenzte Parkdauer.

Bus/Bahn: Vom der Hst. „Kefermarkt Bahnhof" Richtung Lehen, rechts abbiegen Unterer Markt/Oberer Markt, links abbiegen Kirchenfeld und geradeaus (ca. 2 km).

Infos/Gaststätten: *Schlossbrauerei Weinberg, schöner Gastgarten mit Blick auf Schloss Weinberg, Tel. 07947/7111, www.schlossbrauerei.at; Öffnungszeiten saisonal bedingt, Ruhetag: Mo (Jän.–März: Mo, Di), Mai–Mitte Okt. ab 11 Uhr, Mitte Okt.–April Di–Fr erst ab 16 Uhr geöffnet.

Wegbeschreibung „Bierlehrpfad":

Von der Schlossbrauerei den gelben Tafeln mit Bierkrug folgen. Vorbei geht es an einem Wildgehege. Beim oberen Parkplatz führt der Weg in einen steil ansteigenden Feldweg. Hier gibt es den wunderbaren Blick auf das Schloss Weinberg und die hügelige Mühlviertler Landschaft. Bei der Abzweigung Reischekweg NICHT! mehr dem Bierlehrpfad folgen, sondern geradeaus weitergehen.

Der Waldweg mündet in die Bundesstraße (mit Gehweg). Dieser kurz rechts bis zur Abzweigung zum Schloss Weinberg folgen (ab hier ist Schloss Weinberg wieder beschildert). Nun ansteigend durch den Ort, am Hügel angelangt, geht leicht links der Gehweg zum Schloss Weinberg weg. Hier vereint sich der Weg wieder mit dem Bierlehrpfad. An diesem Gehweg befindet sich ein idyllisch gelegener Spielplatz.

Rechberg ist „steinreich" – und darum wurde wohl der „Schwammerling", ein steinernes Naturdenkmal in Schwammerlform, zum Wahrzeichen. Der kleine Ort liegt still und verträumt eingebettet in der hügeligen Landschaft des unteren Mühlviertels. Im Ort gibt es einen kleinen Badesee mit angenehmer Wassertemperatur. Bei einem Besuch des Freilichtmuseums „Döllnerhof" erfährt man vieles über das bäuerliche Leben aus Großmutters, bei den Kindern eher aus Urgroßmutters Zeiten, und da gibt es auch noch – wie könnte es anders sein – einen Steinlehrpfad.

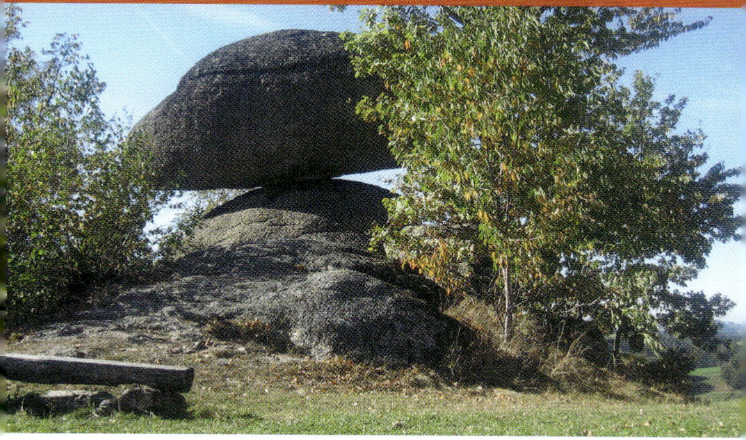

Wetter: ◯   Anforderung: Gesamtdauer: 1 h

Anforderung: Leicht, die gesamte Strecke führt über asphaltierte, wenig befahrene Straßen, die letzten 100 Meter Schotterweg.

Dauer: Eine Strecke: ca. ½ h.

Wetter: Jedes Wanderwetter geeignet. Mittagshitze meiden.

Wanderwert für (Geschwister-) Kinder:	
2–3 Jahre:	Dreirad, Trage oder Kinderwagen mitnehmen. Entlang der Strecke können die Kinder viele Weidetiere beobachten (Kühe, Schafe, Ziegen). In der Nähe des Biohofes befindet sich ein Wildgehege.
4–6 Jahre:	Wanderung zum Schwammerling gut geeignet. Wanderfreudige Kinder schaffen vielleicht die gesamte Runde „Wegnummer 2"; diese führt vom Schwammerling zur Waldwerkstatt, zu den Fuchsmauern und dann wieder zurück ins Ortszentrum von Rechberg. (Die gesamte Runde ist nicht kinderwagentauglich, 4 km, ca. 1½ Std.)
Kinderfahrrad:	Nicht geeignet.

Navi: 4324 Rechberg, Rechberg 11

Anfahrt: A7 Mühlkreisautobahn, Ausfahrt Unterweitersdorf, weiter auf der Bundesstraße B124 Richtung Königswiesen/Bad Zell. In Bad Zell weiter Richtung Zwettl, nach ca. 4 Kilometern Abzweigung Richtung Rechberg.

Ausgangspunkt (AP): Dorfplatz Rechberg, ausreichend Parkmöglichkeiten vorhanden.

Bus/Bahn: Busverbindung, Umsteigen in Perg Hauptplatz, bis Hst. Rechberg Ortsmitte.

Infos/Gaststätten: *Zum Dorfwirt, Rechberg 11, kleiner Spielplatz im Gastgarten, Tel. 07264/46 94, www.dorfwirt-raab.at, Di Ruhetag, Mo ab 14 Uhr geschlossen; *Mostheuriger Kaindl (Wenigwinkler) keine Ausschank mehr. *Naturpark Rechberg: www.naturpark-muehlviertel.at, TVB Rechberg, Tel. 07264/4655-18; *Freilichtmuseum „Großdöllnerhof" und Naturparkstadl, geöff. Mai-Okt., Sa, So und Feiertag 13-18 Uhr, Juli und Aug. am Sa geschlossen, www.doellnerhof.at, Steinlehrpfad, Lehrpfadthema: Geologie, liegt neben dem Freilichtmuseum und ist immer zugänglich. *Badesee Rechberg, im Sommer angenehme Badetemperaturen, schöne Liegewiesen, im Winter Eisstockschießen und Eislaufen.

Wegbeschreibung „Zum Schwammerling":

Einfach bis zum Ziel, dem Wackelstein („Schwammerling"), an die gelben Wegweiser „Rundweg Nr. 2 Schwammerling" halten. Die Wanderung ist ausgezeichnet ausgeschildert. Die Strecke führt durch das Ortszentrum, dann weiter über den wenig befahrenen Güterweg Schwammerling

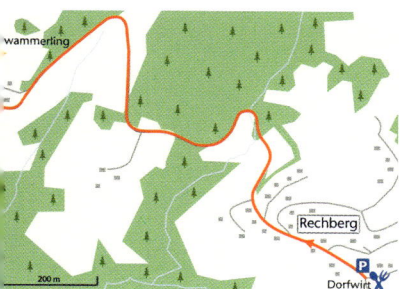

vorbei an Wiesen und an einem lichten Wäldchen. Auf halbem Weg gibt es die Möglichkeit, beim Mostbauer „Kaindl" einzukehren. Vom Biohof Hinterwinkler (mit Hofladen) geht es dann die letzten 150 Meter über einen Schotterweg hinauf zum „Schwammerling". Gleicher Rück- wie Hinweg.

Jede/r in der Gegend kennt den Schwammerling - wenige waren tatsächlich dort :-)

Der mit unserem Schaf-Maskottchen „Wanda" bestens ausgeschilderte Weg kann landschaftlich natürlich nicht mit einer Nationalparkroute mithalten, aber es gibt nette Anreize für Kinder, sich auf den Weg zu machen (siehe Wanderwert für Kinder). Da der Weg auch im Winter geräumt wird, er sonnig ist und sich eine gute Gaststube beim Start und Ziel befindet, haben wir den Weg im Winterkapitel eingereiht. Natürlich ist er aber zu jeder Jahreszeit begehbar und wer im Sommer unterwegs ist, kann sich mit den Erdbeeren vom Erdbeerfeld stärken.

Wetter:	Anforderung:	Gesamtdauer: 1 h

Anforderung:	Leicht, eben, größtenteils asphaltiert
Dauer:	RW: ca. 1 h; 4 km.
Wetter::	Jedes, nicht zu heiße Wanderwetter.

Wanderwert für (Geschwister-) Kinder:	
2–3 Jahre:	Kinderspielplätze am AP und am Wegverlauf (mit kleinem Rodelhügel), Erdbeerland an der Strecke (s. Infos). Clown Willi zeigt auf Schautafeln lustige Motorik- und Koordinationsübungen.
4–6 Jahre:	Siehe 2–3 Jahre; am Weg liegt die Reitschule „Cavaletti" bei der nach Voranmeldung um ein paar Euros Ponyreiten möglich ist (siehe Infos).
Kinderfahrrad:	Gut geeignet. Kurze Steigung bzw. Gefälle.

Navi: Eisenstraße 4, 4484 Kronstorf

Anfahrt: A1 Westautobahn Abfahrt Enns-Ost (Nr. 155), rechts Richtung Steyr auf die Kronstorfer Landesstraße abbiegen, nach 3 km ist direkt neben der Straße linkerhand das Gasthaus „Thalinger Hof"

Ausgangspunkt (AP): Ghf. „Thalinger Hof" im Ortsteil Thaling.

Infos/Gaststätten: *Gasthaus „Thalinger Hof" (am AP), Tel.: 07223/808050, www.thalingerhof.at, großer Kinderspielplatz vom Gastgarten aus einsichtig, eigenes Spielzimmer; *Junifer, Wacholderstr. 6, Tel.: 0650 4300294, Ruhetag: So. *Erdbeerland, Fam. Huber, Ab-Hof-Verkauf von Ende Mai bis Ende Juni täglich von 7 bis 20 Uhr, Tel.: 0676/9452929, www.huber-erdbeeren.at. *Ponyreiten, Reitschule Cavaletti, Fr. Birklhuber, Schieferegg 5, Tel.: 0699/10951420, Richtpreis ca. € 5.

Wegbeschreibung:

Der Rundweg ist mit den gelben Hinweistafeln „Kinderwagenweg" sehr gut beschildert. Vom AP der Eisenstraße in Richtung Süden (Kronstorf) folgen, nach knapp 500 m rechts und gleich wieder links in die Waldstraße einbiegen. Die Asphaltstraße wird zum guten Schotterweg, der ein kurzes Stück durch den Wald führt. Nach dem Wald rechts in die Heidelbeerstraße abbiegen (man geht geradeaus, kommt nach 100 m linker Hand ein Spielplatz). Am Tennisplatz vorbei bis zum Ende der Straße gehen, dort links in die Weißdornstraße abbiegen und bei der nächsten Möglichkeit rechts bergauf wandern. Bei der Wegkreuzung am Scheitel

des Hügels befindet sich links die Reitschule Cavaletti. Wer diesen Abstecher nicht machen möchte, hält sich rechts. Dem Güterweg Schieferegg folgend, geht es mit schönen Ausblicken immer geradeaus. Ca. 700 m (10–15 min) nach dem Erdbeerland, rechts in die Köpplstraße einbiegen. Kurz bevor man wieder die Anfahrtsstraße erreicht, lädt ein großer öffentlicher Spielplatz zu einer Pause ein. Überquert man die Bundesstraße, sieht man schon den Stausee Thaling. Hier sind viele Wasservögel anzutreffen, die gar nicht scheu sind. Hält man sich rechts, ist man in wenigen Metern wieder am Ausgangspunkt.

Dieser Weg vermittelt viel Wissenswertes über die Sensenerzeugung in dieser Gegend. Absolut sehenswert ist das am Weg liegende Freilichtmuseum Schmiedleithen mit dem gut erhaltenen Hammerherren-Ensemble und dem historischen Herrschaftsgarten. Der etwa 5 km lange Rundweg startet in Leonstein und führt streckenweise entlang des Rinnerberger Baches in ein tief geschnittenes Tal zur Schmiedleithen.

Wetter: Anforderung: Gesamtdauer: 1 ½ h

Anforderung:	Mittel, großteils asphaltiert; kurzer Abschnitt: schmälerer, steil ansteigender Schotterweg; zwei größere Steigungen.
Dauer:	Ca. 1 ½ h (je nach Besichtigungsdauer der Schmiedleithen), Gesamtlänge Rundweg ca. 5 km.
Wetter:	Wenig Schatten. Der Rinnerberger Bach ist stark zugewachsen, daher kann man sich leider nicht abkühlen. Wintertauglich!

Wanderwert für (Geschwister-) Kinder:	
2–3 Jahre:	Spielmöglichkeiten beim Gasthof Waldklause und bei der Bäckerei Osterberger; entlang des Weges sieht man Schafe, Esel, Pferde.
4–6 Jahre:	Siehe 2–3 Jahre.
Kinderfahrrad:	Geeignet, aber Steigungen.

Navi: 4592 Leonstein, Leonsteinerstraße 38

Anfahrt: A1 Richtung Salzburg, beim Voralpenkreuz in die A9 Richtung Kirchdorf, Abfahrt Kirchdorf, auf der B 138 Richtung Kirchdorf/Micheldorf, nach der kleinen Ortschaft Schön gibt es links eine Abzweigung in die B 140 (Molln, Steyr Durchbruch), dieser bis Leonstein folgen.

Ausgangspunkt (AP): Schloss Leonstein, an der linken Seite der B 140, beim Schloss gibt es einen Parkplatz und eine Tafel zum Themenweg.

Bus/Bahn: Mit der Bahn nach Steyr oder Kirchdorf/Krems. Umsteigen in Bus bis Hst. Leonstein Schloss.

Infos/Gaststätten: *Tourismusverband Steyr und die Nationalparkregion, Tel.: 07257/532290, www.steyr-nationalpark.at. *Freilichtmuseum Schmiedleithen, Tel. 0650/2206094, www.schmiedleithen.at, geöffnet Mai–Okt. So, Fei. 10-17 Uhr, Erw. € 5,–, Kinder 7–16 Jahre € 2,–. *Bäckerei/Konditorei Osterberger, Spielplatz mit Rutsche und Schaukel, Tel.07584/2387, 0676/4722845; Mittags geschlossen, Sa bis12 Uhr geöff. *Reiterhof Moar im Baumgarten, Tel. 0676/7024204, 07584/2617, www.moar-im-baumgarten.at.

Wegbeschreibung Leonstein:

Vorab: Mit Kinderwagen ist es besser, den Weg in umgekehrter Richtung zu gehen und zwar mit dem Startpunkt hinter dem Schloss: Dem Schlosseingang zugewandt startet links vom Schloss ein schmaler, asphaltierter Weg gleich steil bergab. Bei der Bäckerei rechts die alte Steinbrücke überqueren und dann wieder rechts halten. Der asphaltierte Weg führt direkt zum Sensenschmiede-Ensemble in Schmiedleithen. Weiter geht es geradeaus auf dem asphaltierten Weg durch das Ensemble. Nach der Holzbrücke geradeaus der Schotterstraße folgen. Diese endet an der Landstraße. Hier rechts abzweigen. Nach einem kurzen Stück auf der Landstraße biegt der Themenweg rechts weg durch eine kleine Siedlung. Der Weg zieht sich in einer leichten Linkskurve durch die Siedlung und zweigt dann rechts zum ehemaligen Gasthaus Waldklause ab (beschildert).

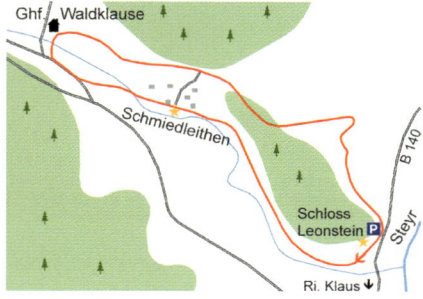

Gleich nach dem Ghf. Waldklause ist ein Bauernhof, den man nicht umgehen kann. Der weitere Weg ist gut beschildert und führt auf schmalem Schotterweg wieder Richtung Leonstein. Ein kurzes Stück geht es direkt den Bach entlang, später steil bergauf und schließlich zum asphaltierten Weg. Rechts dem Weg folgen. Gleich nach der Ortbeschilderung Leonstein ist der große Reiterhof Moar mit dazugehörigem Lokal und der Möglichkeit zu reiten oder Pferde zu streicheln. Vor der B 140 folgt man dem Steyrtal-Radweg rechts nach Schloss Leonstein.

Das Jagahäusl und die Blumaueralm sind herrliche Wanderziele im Nationalpark Kalkalpen für jedes Alter. Das Jagahäusl ist auch für Kinder, die schon selber gehen möchten, sehr nett. Kinderwagenschieberinnen mit genug Reserven in den Beinen, deren Babys gerne im Wagerl bleiben, können zur idyllisch im Talschluss gelegenen Blumaueralm weitergehen. Als Belohnung winkt ein einzigartiger Ausblick auf das Nockmassiv. Die Blumaueralm ist unbewirtschaftet, daher unbedingt eine Jause mitnehmen. Auf der Blumaueralm gibt es ab Mai bis Oktober Weidevieh. Vorsicht ist geboten, da die Muttertiere das Jungvieh schützen.

Wetter: Anforderung: 🟡 🔴   Gesamtdauer: 1 ½–3 h

Anforderung:	Mittel, Forststraße mit nur geringen Steigungen.
Dauer:	Bis zum Jagahäusl 40 min; bis zur Blumaueralm 1 ½ h (jeweils einfache Wegstrecke).
Wetter:	Bei jedem Wetter geeignet.

Wanderwert für (Geschwister-) Kinder:	
2–3 Jahre:	Gut geeignet – Kinderwagen trotzdem mitnehmen. Kleiner Spielplatz im Gastgarten, große Wiesen zum Toben, ein Brunnen zum Plantschen.
4–6 Jahre:	Das Jagahäusl ist ein ideales Wanderziel.
Kinderfahrrad:	Vom AP bis zum „Wiazhaus S'Jagahäusl" und zum Lamberghaus möglich ab ca. 5 Jahren. Danach bis zur Blumaueralm nicht mehr geeignet.

Navi: 4591 Molln, Bodinggraben 56

Anfahrt: A7 Mühlkreisautobahn, weiter auf der A9 Phyrnautobahn, Ausfahrt Klaus, weiter Richtung Steyr, dann den Hinweisschildern Richtung Molln folgen. Im Zentrum von Molln den Hinweisschildern Richtung Breitenau, Bodinggraben folgen (von Molln zum Ausgangspunkt sind es ca. 20 km).

Ausgangspunkt (AP): Parkplatz Scheiblingau bei der Nationalparkinfostelle. Infohütte mit WC vorhanden.

Infos/Gaststätten: *„Wiazhaus S´Jagahäusl" Tel.: 0664/1375594, im Sommer von Ende April bis Anfang Okt. tgl. von 9-19 Uhr, im Winter von Anfang Jänner bis Ende Februar von 10-18 Uhr, Ruhetage: Di, Mi, www.jagahaeusl.at. *Nationalparkzentrum Molln: Info zu aktuellen Aktivitäten und Veranstaltungen, www.kalkalpen.at, Tel. 07584/3651. Jagdhaus der ehem. Familie Lamberg auf dem Weg zur Blumaueralm – Vorab Anmeldung im Nationalparkzentrum Molln!

Wegbeschreibung Jagahäusl – Blumaueralm:

Vom Parkplatz dem Wegweiser „Blumaueralm" folgen. Die Forststraße steigt mäßig an. Nach einer guten halben Stunde erreicht man das Jagahäusl in Bodinggraben.

Wem die Wanderung bis zum Jagahäusl zu kurz ist, kann bis zur unbewirtschafteten Blumaueralm weiterwandern. Die Straße ist aufgrund von Kies und Steinen nur mit geländegängigem Kinderwagen geeignet und anstrengend (stetig und teilweise steil ansteigend). Dazu folgt man dem gelben Wegweiser „Blumaueralm". An der Kreuzung geradeaus. Nach einigen Metern kommt man wieder zu einer Kreuzung, hier befindet sich rechts ein schönes Jägerhaus (Anmeldung im Nationalparkzentrum

Molln erforderlich!). Das Haus ist bewohnt, kann aber trotzdem besichtigt werden. Man folgt der Forststraße weiter, passiert einen Schranken, bis zu einer weiteren Kreuzung mit einem Gedenkkreuz. Links halten und der Straße Richtung Feuchtau folgen.

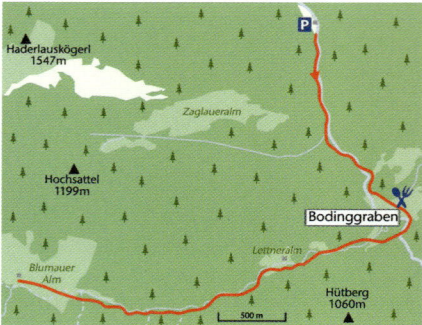

Allein die Anfahrt ins Ennstal entlang der Eisenstraße ist sehr schön und sehenswert. Dieses Ziel muss man sich jedoch verdienen und man rückt besser zu zweit aus. Denn der Anstieg ist leider wirklich mühsam und wie alle Forststraßen langweilig. Bankerl gibt's keine. Manchmal sind auf der Strecke viele Feuersalamander. Oben angelangt wird man für die Strapazen belohnt. Die Gschwendtalm ist eine nette, schöne Familienalm. Anmerkung: Mit bereits gehenden Kindern oder mit Trage ist es besser, den offiziellen Fußweg (beschildert) zu gehen, er ist schöner.

Wetter:	Anforderung:	Gesamtdauer: 3–4 h

Anforderung:	Mittel bis schwierig, aufgrund der Länge und der stetigen Steigung; relativ gut gepflegter Schotterweg. Fußweg: mittel.
Dauer:	Eine Strecke: 4 km, ca. 1 ½–2 h; Fußweg: 2 km.
Wetter:	Schönes Bergwetter, früh starten.

Wanderwert für (Geschwister-) Kinder:	
2–3 Jahre:	Nur mit Kinderwagen, wenn Euer Kind noch gerne im Wagerl einschläft und es auch noch nicht zu viel Gewicht auf die Waage kriegt – sonst wird Euch die Wanderung zu beschwerlich. Die Alm an sich ist entzückend mit Brunnen und einem Kinderhäuschen. Rundherum gibt es zudem Kühe und Schweine.
4–6 Jahre:	Nur Fußweg empfehlenswert: Der AP wäre hier einen halben Kilometer weiter in das Tal hinein. Großes Schild auf der linken Seite: „Gschwendtalm". Auch als Rundweg möglich – hinauf über den offiziellen Wanderweg und hinunter auf dem Forstweg.
Kinderfahrrad:	Nicht geeignet.

Navi: 4463 Grossraming, Brunnbach 5–12

Anfahrt: Autobahn Richtung Wien – Ausfahrt Enns-Steyr, B309 Richtung Steyr, dann B 115 nach Ternberg, Losenstein, Reichraming, Großraming (B115 Richtung Weyer). In Großraming Acht geben auf eine Rechtsabzweigung (Schilder zeigen an: Kutschenmuseum Gruber, Radwanderweg Hintergebirge oder Brunnbachschule). Hier einbiegen und über die Brücke. Gleich nach der Brücke links und dann wieder rechts in den „Lumplgraben" für ca. 7,5 km ins Tal hinein. Beschildert mit Lumplgraben und später Gschwendtalm. Bei der Kapelle auf der linken Seite (Schild „Brunnbach 5 – 12") beginnt links der Kinderwagenweg (Güterweg Langerhäusl, danach Schranken. (Anm.: Dieser Weg ist nicht beschildert. Wenn man zum großen Schild „Gschwendtalm" kommt, ist man schon zu weit).

Ausgangspunkt (AP): Entweder beim offiziellen Wanderparkplatz, zur Gschwendtalm, Weg 44a (beschildert). In diesem Fall müsste man ca. 500 m zur Kapelle und zum Schranken zurückgehen oder es findet sich ein P in der Nähe des Schrankens, siehe Anfahrtsbeschreibung (hier gibt es Platz für 3–4 Autos).

Infos/Gaststätten: *TV Ennstal Tel: 07254/8414, nähere Informationen unter doris.ooe.gv.at/almanach/search_index.htm – Almen Suchsystem oder unter http://www.nationalparkregion.com/wandern/wanderwege/almen-und--huettenwanderwege (GPS-Track abrufbar): *Gschwendtalm: Tel.: 0680/1143142, geöff. Mitte Mai bis Mitte Okt. von 9-20 Uhr, ab Juli jeden Samstag Brunch ab 8 Uhr (Voranmeldung nötig), Mo Ruhetag, Übernachtungsmöglichkeit: www.gschwendtalm.at

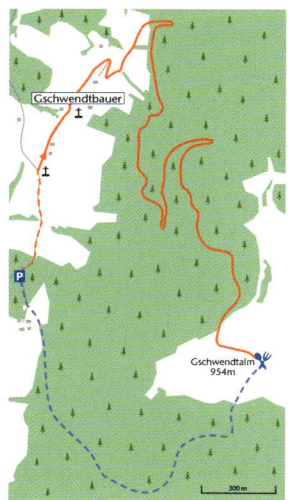

Wegbeschreibung Gschwendtalm

Vorweg Achtung! Mit Kinderwagen ist der offizielle (beschilderte) Weg nicht möglich. Von der Kapelle weiter zum Schranken und am stetig ansteigenden Schotterweg aufwärts. Bald beginnt der Wald. Bei einer Weggabelung links halten, also immer dem ansteigenden Weg durch den Wald folgen. Ab und zu kann man durch einen Schlag hinunterschauen ins Tal. Sobald man am Almgebiet angelangt ist, gabelt sich der Weg noch einmal. Nun NICHT der Forststraße Gamssteinalm folgen, sondern zum Gatter gehen. Kurze Anleitung: zuerst oben die „Lasche" über den „Stempen" ziehen und dann unten herausheben. Das Schließen geht in umgekehrter Richtung. Die letzten Meter sind gemütlich und absteigend zur Almhütte.

Fuß- und Tragetuchweg

Einfach vom offiziellen Parkplatz der Beschilderung folgen.

Sommerziele im Überblick

Rohrbach

Sternstein

Bad Leonfelden

Freistadt

29 Sandl

St. Oswald

Neufelden

27 Zwettl a. Rodl

Ottenschlag

Kefermarkt

Hellmonsödt

Kirchschlag

28

Gutau

30

Königswiese

Mönchdorf

Lichtenberg

24

25

Aschach

Ottensheim

26

Gallneukirchen

31 Bad Zell

Eferding

Linz

Leonding

Perg

Traun

Bad Schallerbach

Enns

Mkt. St. Florian

Wels

Kremsmünster

Steyr

Bad Hall

Vorchdorf

Aschach

Pettenbach

Steinbach

Ternberg

Schlierbach

Losenstein

Waidhofen

Kirchdorf

Leonstein

32

Großraming

Micheldorf

Molln

Reichraming

Weyer Markt

Klaus a. d. Phyrnbahn

● Leicht
● Mittelschwer
● Schwierig, steil

terra Cognita

Kartographie: Mag. Stefanie Zobl www.terracognita.a...

III. Sommerziele

In diesem Kapitel findest Du:
• schattige und/oder kühlende Wege im Wald, entlang von
  Gewässern oder zu Badeplätzen,
• Gelegenheiten zum Beerenpflücken,
• Almwanderungen.

 Möchtest du mehr über den Verlag wissen? Folge uns auf **wandaverlagtoptouren**

Der Kneippweg und der Waldwunderweg verlaufen zusammen entlang des Rannastausees. An den Kneippstationen kann man super plantschen und sich abkühlen. Teilweise sind sie so tief, dass kleinen Kindern das Wasser bis zur Hüfte reicht. Bei den Stationen des Waldwunderweges gibt es Informationstafeln über den Wald und seine Bewohner kombiniert mit Geschicklichkeitsübungen wie z. B. das Tannenzapfenzielwerfen. Der Fitnessweg beginnt nach dem Kneipp- und Waldwunderweg und bietet Turnübungen für Groß und Klein. Entlang aller Wege finden sich viele größere und kleinere Bachläufe sowie Kletterfelsen.

Wetter: Anforderung: Gesamtdauer: 2-4 h

Anforderung:	Leicht; 40 Hm; leichte Steigung; 80 % Waldwege. Variante 1 ist gut mit dem Kinderwagen befahrbar, bei Variante 2 ist ein kurzes Stück stark verwurzelt, jedoch mit geländegängigem Kinderwagen befahrbar.
Dauer:	Var. 1 Kneipp- und Waldwunderweg, eine Strecke: 1h; 2 km; Verlängerung Var. 2 Fitnessweg, RW: 4 h; 8 km.

| **Wetter:** | Schönes Wetter, auch wenn es heiß ist. Wege liegen großteils im Schatten. |

Wanderwert für (Geschwister-) Kinder:	
2–3 Jahre:	Variante 1 ist gut geeignet, Wechselkleidung nicht vergessen!
4–6 Jahre:	Siehe 2–3 Jahre, die Verlängerung (Variante 2) ist nur für sehr gehfreudige Kinder geeignet. Die imposante Staumauer der Rannatalsperre befindet sich auf Variante 2. Eine Möglichkeit wäre, direkt zur Staumauer zu fahren und nur Variante 2 zu gehen (siehe Skizze).
Kinderfahrrad	Nur Variante 1 geeignet.

Navi: 4144 Oberkappel, Marktstraße 4.

Anfahrt: Aus Richtung Salzburg oder Graz auf der A8 und A25 in Richtung Eferding, Niederranna und Oberkappel fahren. Von Wien kommend von der A1 auf die A7 wechseln. Auf der B127 weiter nach Oberkappel. Das Gemeindeamt befindet sich direkt im Ortszentrum.

Bus/Bahn: Hst. Oberkappel Ortsmitte, von dort ca. 5 Min. der Straße bergauf zum Gemeindeamt folgen.

Ausgangspunkt/P: Parkplatz beim Gemeindeamt Oberkappel.

Infos/Gaststätten: *Entlang der Wanderung gibt es keine Gaststätte, sondern nur zu Beginn und am Ende des Weges im Ort, siehe www.oberkappel.at.

Wegbeschreibung: Vom Parkplatz nach links, bei der Raiffeisenbank vorbei bis zum Friedhof gehen. Dort die Straße überqueren und die Zufahrtsstraße „Im Rannatal" in Richtung Feuerwehrzeughaus entlang bis man zur ersten Kneippstation und einer Infotafel zum Waldwunderweg kommt. Ab hier dem Weg bis zum Konzinger Steg (schmale Brücke über Stausee) folgen. An zwei Stellen queren größere Bäche, einer mit Holzstufen hinunter. Hier können nach Herzenslust Dämme und Miniseen gebaut werden. Gleicher Rück- wie Hinweg.

Variante 2 (Verlängerung): Über den Konzinger Steg, danach nach links und den Wegweisern „Fitnessweg" folgen. Bei der Rannatalsperre am Gehsteig über die Staumauer gehen, links vorbei an der „Teufelskirche" (ein Felsenriff mit einer Felsnadel und einer teuflischen Sage) mit der Christophorus Statue und der Landesstrasse bergauf noch ein kurzes Stück folgen, bis links wieder der Fitnessweg abzweigt. Nun kann man wieder der Beschilderung „Fitnessweg" folgen bis man wieder auf den Kneipp- und Waldwunderweg trifft. Entlang diesem geht es wieder zum Parkplatz retour.

24 Wanderung durch's Pesenbachtal

Feldkirchen: Erfrischung im Naturschutzgebiet

nö

Das Naturschutzgebiet ist besonders an heißen Sommertagen extrem beliebt, die Parkplätze sind daher schnell voll. Die schattige Strecke entlang des Pesenbaches bietet aber auch eine kühlende Alternative zur drückenden Hitze der Stadt. Die Flusstäler im Mühlviertel haben mit ihren teils großen runden Steinen im Bachbett besonderen Reiz. Einziger Wermutstropfen: Wer auf der Anhöhe beim Schlagerwirt auf eine Jause einkehren will, muss sich diese – sofern mit Kinderwagen unterwegs – beim sehr steilen Anstieg wirklich schweißtreibend verdienen. Empfohlen ist daher, zu zweit zu gehen, da der Kinderwagen möglicherweise über sehr holprige Stellen gehievt werden muss.

Wetter:    Anforderung: Gesamtdauer: 1 ½ h

Anforderung:	Mittel (schöner Schotterweg), die letzten 300m schwierig (steiler, holpriger Anstieg zum Schlagerwirt).
Dauer:	Ca. 45 min für eine Strecke (2 km).
Wetter:	Ideal an heißen, sonnigen Tagen; aber auch bei Regen, die Bäume bieten viel Schutz vor Regen.

Wanderwert für (Geschwister-) Kinder:	
2–3 Jahre:	Wunderbares Bachbett, leicht zugängliche Plätze zum Plantschen und Steine hineinwerfen, Spielplatz und Hasenstall bei der Jausenstation. Bademöglichkeit beim Parkplatz.
4–6 Jahre:	Siehe 2–3 Jahre. Spielplatz ist vom Gastgarten aus nicht einsehbar.
Kinderfahrrad:	Geeignet bis Anstieg Schlagerwirt.

Navi: 4101 Feldkirchen, Bad Mühllacken 55

Anfahrt: B127 Richtung Rohrbach solange folgen, bis etwa auf der Höhe von Ottensheim Bad Mühllacken angeschrieben ist. Hier links abbiegen, nach ca. 20 km (auf der Höhe von Feldkirchen) geht rechts eine Abzweigung nach Bad Mühllacken/ Naturschutzgebiet Pesenbach weg, links in die Ortschaft Bad Mühllacken einbiegen und bis zum Kneipp-Kurhaus (gekennzeichnet durch hohen Uhrturm) fahren, gleich danach links zum gekennzeichneten Parkplatz einbiegen (beschildert mit Parkplatz und Naturschutzgebiet Pesenbach) (von Wels kommend ist die Anfahrt über Eferding kürzer).

Ausgangspunkt (AP): Gekennzeichneter Parkplatz, der an schönen Sonn- und Feiertagen aufgrund der Beliebtheit der Wanderstrecke extrem stark frequentiert ist.

Bus/Bahn: Direktverbindung Bus bis Hst. Bad Mühllacken Kurhaus.

Infos/Gaststätten: *Schlagerwirt, Gasthaus und Jausenstation schön auf einer Anhöhe gelegen, Wickelmöglichkeit für Kinder, Spielplatz (am Wochenende reger Betrieb), geöff. Do-So von 10-20 Uhr, Tel. 07233/7220, www. schlagerwirt. at; *Cafe-Konditorei Rechberger (beim Ausgangspunkt gelegen), Tel. 0650/9061816, geöff. Sa 10-18 Uhr, So und Feiertag 13-18 Uhr.

Wegbeschreibung:

Vom Parkplatz folgt man auf der asphaltierten Straße dem Wegweiser „Naturschutzgebiet Pesenbach". Vorbei geht es noch an einigen Häusern. Nach dem letzten Haus auf der linken Seite vor dem Wald überquert man eine Brücke über den Pesenbach und wandert links entlang des Baches. Der Wanderweg entlang des rechten Bachufers ist für Kinderwagenwanderinnen ungeeignet! Der breite Schotterweg führt

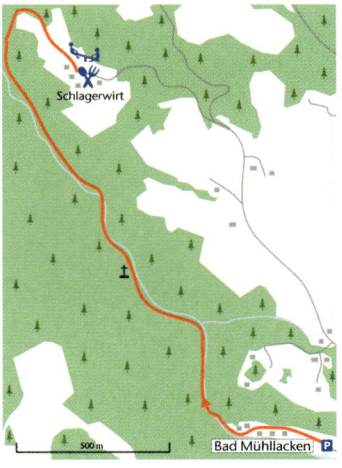

entlang des Baches leicht bergauf mit einigen mittleren Steigungen. Vorbei geht es an der Hl. Brunnenkapelle. Es gibt immer wieder Stellen, wo man gut zum Bachbett gelangt. Auch laden Bänke zum Rasten ein. Nach ca. 1,5 km vom AP erreicht man eine Abzweigung, bei der es rechts Richtung Kerzenstein/Gerling (Schlagerbruck'nweg) geht. Dieser folgen. Kurz darauf überquert man wieder den Pesenbach und geht am rechten Bachufer weiter. Nach einer Weile erreicht man die Schlagerhütte (kleiner überdachter Rastplatz).

Hier könnt ihr entweder umkehren oder den wirklich steilen und kurz holprigen, beschilderten Anstieg zum Schlagerwirt wählen (nur mit geländegängigem Kinderwagen, ev. Fangriemen einhängen). Das schlechte Wegstück ist gleich zu Beginn, danach bleibt es zwar knackig steil aber der Waldweg wird zum gut fahrbaren Wiesenweg, die letzten Meter sind asphaltiert. Es gibt einige Rastbänke! Rück- wie Hinweg. Vom Schlagerwirt kann man auch die schmale asphaltierte Straße bergab nach Bad Mühllacken wählen (schöner ist jedoch der gleiche Rückweg).

Wer mit der Trage unterwegs ist, kann den schönen Weg am anderen Flussufer zurückspazieren.

25 Rodl-Waldbad

Wenn es in der Stadt im Sommer zu eng und zu heiß wird, dann sind das kühle Wasser der Rodl, das Rauschen des Flusses und der Wald entlang der Rodl eine willkommene Abwechslung zu den Stadtbädern. Für Kinder ideal ist das kleine und knietiefe Kinderbecken. Wenig Schatten gibt es allerdings auf der Liegewiese selbst. Kurze Strecken entlang der Rodl sind mit Kinderwagen begehbar, ansonsten ist dieses Ziel ein Badeausflugsziel und keine Wanderung.

Wetter:	Anforderung: 🔵	Gesamtdauer: ¼–½ h

Anforderung:	Mittel – je nach Richtung: Schotterweg mit etwas Wurzelwerk und Steinen oder asphaltierter Weg. Bei den ersten zehn Metern muss man Stufen und ein sehr steiniges, kurzes Steilstück überwinden.
Dauer:	Rodlaufwärts und -abwärts kann man je Richtung ca. 10–15 min gehen.
Wetter:	Badewetter.

Wanderwert für (Geschwister-) Kinder:	
2–3 Jahre:	Baden im Rodl-Waldbad, Spielplatz.
4–6 Jahre:	Siehe unter 2–3 Jahre. Der Schotterweg rodlabwärts ist schattig und kurzweilig.
Kinderfahrrad:	Nicht geeignet.

Navi: 4201 Gramastetten, Kirchleitenweg

Anfahrt: Linz Rudolfstraße, Abzweigung rechts Richtung Pöstlingberg/Gramastetten, der Straße folgen bis Gramastetten (von der Abzweigung Richtung Pöstlingberg/Gramastetten sind es ca. 16 km nach Gramastetten), in Gramastetten bei dem „Vorrang geben"-Verkehrsschild rechts abbiegen (Rodlbad ist hier schon ausgeschildert), nach einigen Kurven gibt es links die Abzweigung zum Rodlbad (beschildert). Bergab geht es nun zum Rodlbad.

Ausgangspunkt (AP): Beim Rodlbad gibt es nach einer scharfen Rechtskurve einen Parkplatz. Nach Verlassen des Parkplatzes geht es rechts ein paar Meter hinunter zum Rodlbad.

Bus/Bahn: Direktverbindung Bus bis Hst. Gramastetten/Postamt. Von der Hst. rechts in die Rodltalstr. und dann links in den Kirchleitenweg einbiegen (beschildert, ca. 15 Min. Gehzeit).

Infos/Gaststätten: Beim Rodl-Waldbad gibt es ein kleines Buffet, Umkleidekabinen und Toiletten. Das Buffet ist an schönen Badetagen ca. ab 11 Uhr geöffnet. Das Rodl-Waldbad ist ein aufgestautes Naturbad. Nach heftigen Gewittern im oberen Mühlviertel kann es sein, dass die Schleusen geöffnet werden müssen, damit das Wasser wieder sauber wird. In diesem Fall ist das Rodl-Waldbad nicht in Betrieb (dies ist laut Auskunft der Buffetbetreiber aber eher die Ausnahme).

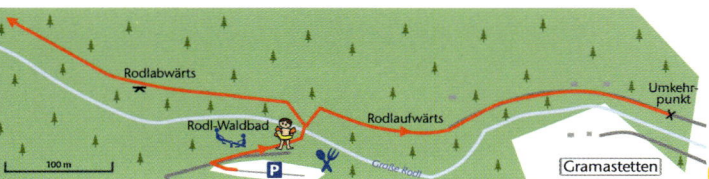

Wegbeschreibung Rodl-Waldbad:

Insbesondere wochentags lohnt sich ein Ausflug ins Rodl-Waldbad. An Wochenenden ist es dort auch eher voll und die Parkplatzsituation entsprechend eng. Das Wasser ist erfrischend kühl, aber im kleinen Kinderbecken erwärmt es sich.

Ein Spaziergang entlang der Rodl ist empfehlenswert. Man geht über die Brücke an der Rodl. Hier sind einige Stufen zu überwinden. Nach der Brücke sind die drei Meter bis zum Weg sehr steinig. Vielleicht gibt es jemanden, der beim Tragen des Kinderwagens hilft, notfalls schafft man es aber auch alleine. Rodlabwärts kann man dem Weg entlang der Rodl ca. 10 Minuten folgen. Der Weg ist erfrischend, schattig und kühl. Nach ca. 10 Minuten erreicht man ein kleines Aussichtsbankerl. Danach kann man noch ein paar Meter gut mit Kinderwagen gehen, ehe der Weg leider zu steinig und wurzelig wird. Rodlaufwärts führt der Weg anfangs durch den Wald und mündet dann in einen asphaltierten Weg. Vorbei geht es an schlichten Häusern mit schönen Blumengärten. Der Weg ist nun mehr der Sonne ausgesetzt. Nach ca. 15 Minuten erreicht man die Bundesstraße. Hier heißt es umdrehen.

Die Au ist ein nettes Naherholungs-gebiet. Die kleinen Buchten mit den Badeplätzen und der durch-gängige Schatten sind sehr ange-nehm. Diese Tour eignet sich auch nach und bei Schlechtwetterperio-den: Am Treppelweg aus Flusssand versiegt das Wasser schnell und es ist nicht „gatschig" wie anderswo im Wald. Leider ist die Straße von der anderen Donauseite in Hörwei-te, was störend sein kann.

Wetter: Anforderung: Gesamtdauer: 1 ½ h

Anforderung:	Mittel–schmaler Auwaldpfad, eben.
Dauer:	ca. 45 min; 3 km für eine Strecke.
Wetter:	Geeignet für jedes Wetter. Ideal auch bei heißem Wetter und bei leichtem Regen.

Wanderwert für (Geschwister-) Kinder:

2–3 Jahre:	Kleine Badebuchten zum Steine werfen, schattiges Picknickgelände im Wald mit nettem Spielplatz (Babyschaukel, Schaukel, Klettergerüst aus Naturästen, Holzhäuschen, Seilrutsche), Sandspielsachen einpacken.
4–6 Jahre:	Siehe 2–3 Jahre. Zum Baden Badeschuhe nicht vergessen, da steinig und Gefahr von Glassplittern etc.
Kinderfahrrad:	Nur für Geübte: keine Steigung, aber z.T. uneben

Sommerziele

Navi: 4048 Puchenau, Wilheringerstraße 16

Anfahrt: B 127 Richtung Puchenau, in Puchenau bei der ersten Ampel zur Gartenstadt I abbiegen und gleich links Richtung Sportanlagen fahren.

Ausgangspunkt (AP): Parkplätze bei Sportanlage nach kleiner Brücke.

Bus/Bahn: Mit der Mühlkreisbahn bis Hst. Puchenau Ost.

Infos/Gaststätten: *Wirtshaus zum Bootshaus, Tel. 0732/221710, kein Ruhetag, ganztägig warme Küche, www.wirtshaus-zum-bootshaus.metro.rest. *Picknickplatz am Weg.

Beschreibung Puchenau-Auweg:

An den Kabinen des Fußballplatzes vorbei in Richtung Donau gehen (gelber Wanderwegweiser „TW Puchenau"). Ein schmaler Weg führt abwärts zum Auspaziergang. Dem Treppelweg nach rechts über die kleine Brücke folgen und dann vorbei am hiesigen Ruderverein. Hier ist ein Abstecher nach rechts zum Gasthaus möglich. Nach ca. 2 km gelangt man zum Spiel- und Picknickplatz. Der Auspaziergang führt immer direkt an der Donau und unterhalb der Gartenstadtsiedlung geradeaus bis zum Ende der Gartenstadt II. Der Umkehrpunkt ist beim Holzwegweiser „Treppelweg Ottensheim" (Stufen nach oben). Ein leicht zugänglicher Strand und ein Bankerl laden hier zur Rast ein, bevor es auf gleichem Weg wieder zurück zum AP geht.

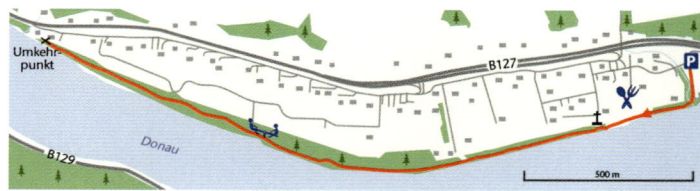

wandaverlag.at

27 Auf den Spuren von Biene Maja

am Bienenerlebnisweg in Zwettl an der Rodl

nö, sk

Der Bienenerlebnisweg in Zwettl an der Rodl ist ein sehr nett angelegter und bei Familien beliebter Rundweg mit Holzbienenwaben als Wegweisern. Auf farbigen Schautafeln gibt es Informationen rund um Bienen, Hummeln, Wespen, Tagfalter, Ameisen und Tiere am Teich. Zusätzlich kann man noch einiges zur Salzstraße, dem einstigen Säumerweg zwischen den Alpen und Böhmen, erfahren. Auch ansonsten eher „gehfaulen" Kindern wird der Weg durch eine Vielzahl von Stationen kurzweilig gemacht. Viele Bänke aber auch wunderschöne Plätze laden hier zum Picknicken und Plantschen am Distlbach ein. Wechselkleidung nicht vergessen! Hinweis: In unserem Fortsetzungsbuch „Abenteuer Natur" gibt es weitere Bienenerlebniswege.

Wetter: Anforderung: Gesamtdauer: 1 ½ h

Anforderung:	Insgesamt mittel, wobei der erste Teil als leicht einzustufen ist; erst im zweiten Teil ab dem Biotop sind mehrere kleinere Steigungen zu bewältigen. Das letzte Stück am Salzsteig ist etwas holpriger.
Dauer:	RW 3,8 km; ca. 1 ½ h.
Wetter:	Bei jedem Wetter geeignet. Ein guter Tipp für heiße Tage, da der Weg großteils im Schatten liegt und man im Distlbach z. B. bei der Kneippstelle Abkühlung finden kann.

Wanderwert für (Geschwister-) Kinder:

2–3 Jahre:	Bestens geeignet. Da die gesamte Runde zu lange ist, Kinderwagen oder Trage mitnehmen.
4–6 Jahre:	Bestens geeignet, gerade der Streckenteil bis zum Biotop. Wenn die Kinder nicht mehr gerne weitergehen wollen, empfiehlt es sich, dieselbe Strecke zurückzugehen.
Kinderfahrrad:	Ja, für Geübte bis zum Biotop.

Navi: 4180 Zwettl, Obermühlweg 1

Anfahrt: A7 Mühlkreisautobahn, Ausfahrt Urfahr, weiter auf der B125 Richtung Bad Leonfelden. Im Ortsgebiet von Zwettl an der Rodl am Marktplatz links auf die Landesstraße Richtung Oberneukirchen/Waxenberg einbiegen (kleiner Wegweiser zum Bienenmuseum). Nach ca. 100 Metern auf der rechten Seite das Bienenmuseum unmittelbar vor der Ortsstelle des Roten Kreuzes.

Ausgangspunkt (AP): Bienenmuseum, P: Rotes Kreuz und Eltern-Kind Zentrum.

Bus/Bahn: Direktverbindung: Hst. Zwettl/Rodl Ort. Von dort die Bundesstraße Richtung Oberneukirchen/Waxenberg entlanggehen bis AP (5 Min. Gehzeit).

Infos/Gaststätten: *TV Zwettl: Tel. 07212/6555. *Bienenmuseum geöff. täglich von Mai bis Okt., Tel. 07212/6555-30, Eintritt: freiwillige Spenden. Führungen sind nach Voranmeldung beim Gemeindeamt möglich. *Mehrere Gaststätten im Ort Zwettl.

Wegbeschreibung Bienenerlebnisweg:
Der Bienenerlebnisweg ist ausgezeichnet beschildert. Der erste Teil führt auf einem Schotterweg immer in unmittelbarer Nähe des Distlbaches. Bald erreicht man die Abzweigung zur Bienenhütte, die nur wenige Meter links über dem Hauptweg liegt. Dort kann man vieles über Bienen erfahren und den Bienenflug zum Bienenstock beobachten. Der Weg führt dann an weiteren Schautafeln und Attraktionen für Jung und Alt vorbei: einem „Tastpfad", Wasserrädern, einer Kneippstelle, einer Steinbiene zum Reiten und Rasten und einem Biotop. Der weitere Teil der Strecke führt später weg vom Bach und ansteigend durch einen Wald, dann weiter über Wiesen (an der Feldweggabelung geradeaus), bis man den Ort Zwettl wieder vor sich liegen sieht. Im Ortszentrum, am Marktplatz rechts in die Straße Richtung Waxenberg einbiegen und zurück zum Ausgangspunkt.

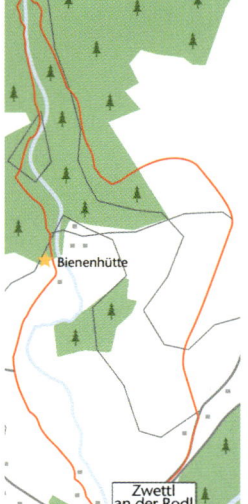

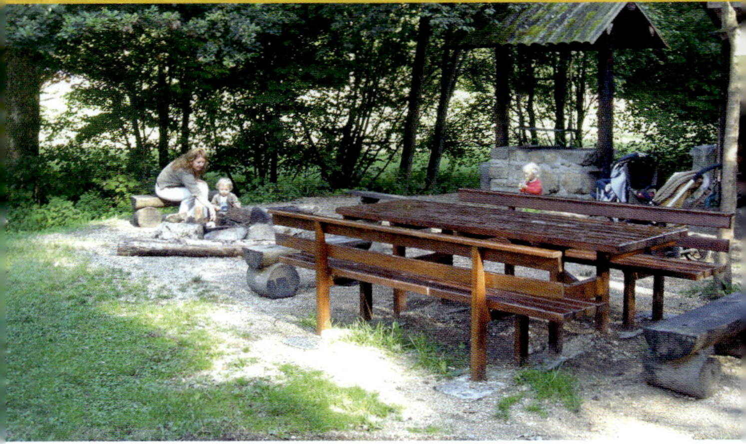

Diese Etappe des 10 km langen Pferdeeisenbahn-Erlebnispfades eignet sich besonders gut für Schönwetter. Schatten und Sonne wechseln sich ab und die Wanderung ist variabel gestaltbar. Stärken kann man sich bei einem selbst mitgebrachten Picknick auf der sogenannten „Schneiderwies" – einem Grillplatz mit Bänken. Der Wasserzugang zur Kleinen Gusen eignet sich zum Spielen und Nass-werden. An schönen Wochenenden wird dieser Grillplatz stark genutzt.

Wetter:	Anforderung:	Gesamtdauer: 1 h

Anforderung:	Mittel. Ein Teilstück ist aufgrund von gröberem Schotter etwas schwieriger zu bewältigen, leicht hügelig.
Dauer:	Bis zum Wachthaus: ca. 30 min eine Strecke.
Wetter:	Trockenes, sonniges Wetter.

Wanderwert für (Geschwister-) Kinder:

2–3 Jahre:	Gut geeignet. Wanderung ist kurz und im Sommer gibt es viele Beeren zum Naschen.
4–6 Jahre:	Siehe unter 2–3 Jahre. Bei der Schneiderwies gibt es ein „Höhenprofil" mit der Auflistung aller Stationsplätze, den Steigungen und dem Gefälle, welches die Pferdeeisenbahn zu überwinden hatte; Plantschmöglichkeit an der Kl. Gusen am Grillplatz. Wechselkleidung nicht vergessen.
Kinderfahrrad:	Nicht geeignet.

Navi: näheste Adresse: 4212 Pfaffendorf

Anfahrt: A7 Mühlkreisautobahn Richtung Freistadt. Ausfahrt 1-Unterweitersdorf nehmen, Richtung Unterweitersdorf und im Kreisverkehr dritte Ausfahrt (B125) nehmen. Nach ca. 5 km kommt links (gegenüber ist ein Gasthaus) die Abzweigung nach Pfaffendorf. Von hier sind es noch ca. 2 km zum Ausgangspunkt. Der kurvigen Straße bis zum Ende folgen.

Ausgangspunkt (AP): Brücke über die Kl. Gusen. Vor der Brücke gibt es Parkmöglichkeiten.

Infos/Gaststätten: *Kratschis Fischerhütte, geöff. 1.5.–31.10. an Sa, So und Feiertagen – vom AP ca. 10 Minuten flussabwärts. Tel.: 0676/4450692, Achtung: Mit dem Kinderwagen ist das Erreichen der Fischerhütte flussabwärts nur auf der linken Seite möglich (nicht der Beschilderung auf der rechten Seite flussabwärts folgen). *Reservierung Grillplatz: Marktgemeinde Neumarkt i. M., Tel. 07941/8255, www. neumarkt-muehlkreis.ooe.gv.at.

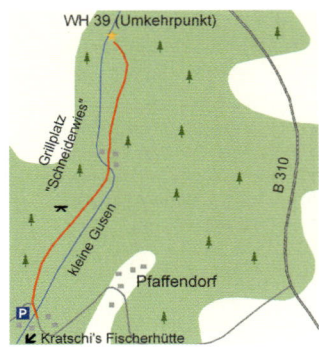

WH 39 (Umkehrpunkt)

Grillplatz "Schneiderwies"

Kleine Gusen

B 310

Pfaffendorf

Kratschi's Fischerhütte

Wegbeschreibung
Etappe Pfaffendorf:

Den Wegweisern zum Rast- und Grillplatz Schneiderwies bzw. Stroblmühle folgen. Nach Überquerung der Brücke führt der Schotterweg durch den Wald bergauf, entlang der Kleinen Gusen. Nach ca. 10 Min. erreicht man die „Schneiderwies". Bei einigen schönen alten Mühlviertler Häusern Überquerung der Kleinen Gusen. Nach dem Wald weitet sich das Tal, und der Blick auf das kleine Wachthäuschen und über das Tal ist bezaubernd. Gleicher Rück- wie Hinweg.

Hinweis zum Rast- und Grillplatz Schneiderwies: Die Schneiderwies ist ein kleiner Grillplatz mit Bänken und einem überdachten Häuschen. An schönen Wochenenden wird dieser Rastplatz rege genutzt!

Hier gibts einen Grillplatz

Der kurze, aber sehr romantische Rundweg Rosenhof-Teiche bei Sandl ist ein absolut idyllisches Sommerziel. Vorbei am kleinen Rosenhof-Teich geht es schattig durch den Wald weiter zum großen Rosenhof-Teich. Das letzte Wegstück führt dann am Schloss Rosenhof vorbei. Die Rosenhof-Teiche sind im Privatbesitz der Familie Czernin-Kinsky. Der kleine Rosenhof-Teich wird jedoch für den Tourismus und zum Baden zur Verfügung gestellt. Gasthaus gibt es am Rundweg keines, am kleinen Rosenhof-Teich gibt es aber Bänke und einen Picknickplatz mit Tisch.

Wetter: Anforderung: Gesamtdauer: 1 h

Anforderung:	Leicht – schöner Schotterweg.
Dauer:	RW ca. 45 min–1 h (mit unserem „gehfreudigen" Kind benötigten wir 2 ½ h).
Wetter:	Geeignet für jedes Wetter, ideal bei Badewetter. Teile des RW auch im Winter geräumt (sicherheitshalber vorher bei der Gemeinde nachfragen), allerdings ist Sandl ein Kältepol im Mühlviertel.

Wanderwert für (Geschwister-) Kinder:	
2–3 Jahre:	Bademöglichkeit, wobei man das dunkle Wasser mögen muss und die Ufer eher steil sind. Beim Picknickplatz ist das Ufer seichter und zum Baden geeigneter. Der kurze Rundweg ist für Kinder in diesem Alter sehr gut geeignet.
4–6 Jahre:	Siehe unter 2–3 Jahre.
Kinderfahrrad:	Geeignet.

Navi: 4251 Sandl, Rosenhof 5 (Imbiss Rosenhof)

Anfahrt: A7 Mühlkreisautobahn Richtung Freistadt. Nach Ende der Autobahn links halten und der S10 Richtung Freistadt folgen, an Freistadt vorbei und bei Abfahrt 21 Grünbach Richtung Grünbach/Sandl abfahren. Beim Kreisverkehr geradeaus auf der B38 nach Sandl. Durch Sandl Richtung Karlstift, ca. 2 km nach Sandl kommt eine Bushaltestelle, danach liegt links der große Parkplatz.

Ausgangspunkt (AP): Parkplatz lt. Beschreibung.

Bus/Bahn: Busverbindung: Umsteigen in Freistadt in Bus bis Hst. Rosenhof bei Sandl.

Infos/Gaststätten: *Am Parkplatz gibt es einen Imbissstand, geöff. Mo-Fr 7-20 Uhr, Tel.: 07944/8637, www.imbiss-rosenhof.at, letzte Gelegenheit vor dem RW sich ein Eis zu kaufen. *Gemeindeamt Sandl: Tel. 07944/8255.

Wegbeschreibung Rosenhof-Teiche:

Der Rundweg ist mit einem grünen Schild „Rundweg Rosenhofer-Teiche" ausgeschildert. Vom Parkplatz in Richtung Sandl gehen. Am Ende des Parkplatzes startet ein parallel zur Bundesstraße angelegter Schotterweg. Nach einigen Metern rechts in den asphaltierten Weg einbiegen. Nach dem Schranken beginnt ein Schotterweg. Dieser führt geradeaus, anfangs sonnig, dann leicht schattig zum kleinen Rosenhof-Teich. Am Ende des kleinen Rosenhof-Teiches links abbiegen. Vorbei geht es an einem kleinen Picknickplatz. Es gibt auch Umkleidekabinen und ein „Plumpsklo". Der Weg ist jetzt der Sonne ausgesetzt, führt aber bald in einen Wald. Nun dem Weg geradeaus und dann links zum großen Rosenhof-Teich

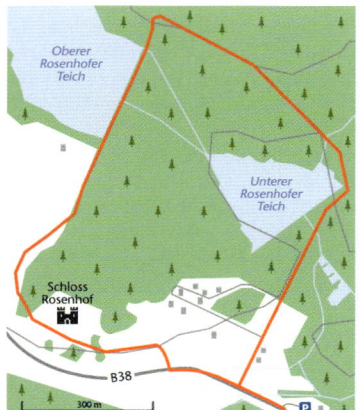

folgen. Vorbei am großen Rosenhof-Teich passiert man dann rechts eine große Wiese. Danach biegt der Weg links ab. Links liegt das Schloss und danach weist der Wegweiser nach rechts Richtung Bundesstraße. Die letzten Meter führt der Rundweg nun wieder parallel zur Bundesstraße Richtung Parkplatz.

Das ist ein Sommerziel ohne Wasser, allerdings kommen Beerennaschkatzen voll auf ihre Kosten. Wir empfehlen, die Mittagshitze zu meiden, weil der Weg teilweise über offenes Gelände führt. Der Lehrweg wurde neu gestaltet und bietet abwechslungsreiche Stationen zum Ausprobieren, vor allem für die größeren Kinder. Ein idealer Familienwanderweg. Viel Schatten gibt es in den ersten zwei Dritteln des Rundweges, freie Sicht über die Mühlviertler Landschaft im letzten Drittel. Rastplätze laden zum Verweilen ein und entlang der Wegstrecke gibt es jede Menge Heidelbeeren.

Wetter:	Anforderung:	Gesamtdauer: 1 ½ h

Anforderung:	Mittel, großteils Wald-, Feld- und Wiesenwege. Kurze Teilstücke sind asphaltiert. Geländegängiger Kinderwagen ist hilfreich. Einige Steigungen. Beim Waldstück gibt es teilweise Wurzeln.
Dauer:	RW 2,5 km, ca. 1 ½ h – je nach Verweildauer an den Stationen.
Wetter:	Klassisches Wanderwetter

Wanderwert für (Geschwister-) Kinder:

2–3 Jahre:	Kurzweiliger Weg mit vielen Stationen
4–6 Jahre:	Siehe unter 2–3 Jahre.
Kinderfahrrad:	Nicht durchgehend geeignet (Straße und Feldwege am Anfang und Ende, teilw. schieben notwendig.)

Navi: 4293 Gutau, St. Leonharderstr.4

Anfahrt: A7 Mühlkreisautobahn Richtung Freistadt. Die Autobahn mündet in die B124 Richtung Pregarten. Auf der Höhe Pregarten links 1. Abzw. bzw. gleich danach rechts Richtung Zentrum. Vor dem Zentrum links Richtung Gutau. Am Marktplatz Gutau rechts bergab zum Färbermuseum, dann über die kleine Brücke zum Parkplatz.

Ausgangspunkt (AP): P beim Färbermuseum/Vogelkundeweg.

Bus/Bahn: Mit Bahn bis Pregarten. Umsteigen in Bus bis Hst. Gutau Marktplatz.

Infos/Gaststätten: *Mehrere Gasthäuser am Marktplatz (nur ca. 5 Min. vom AP entfernt), u.a. Gasthof Pils, abgegrenzter Gastgarten, Tel. 07946/6272, Ruhetag Mo; *Gasthof Resch, Tel. 07946/6225, Ruhetag Do. *Führungen zum Vogelkundeweg: Tel. 07946/6442 (Emma Resch) oder Gemeindeamt Gutau, Tel. 07946/6255-30, Erw. 3 Euro, Kind 2 Euro; *Marktgemeinde Gutau, gutau.riskommunal.net.

Wegbeschreibung

Der Weg ist markiert durch Schildchen mit blauem Eisvogel und meist selbsterklärend. Von der zum Parkplatz führenden Zufahrtsstraße geht es weiter über eine kleine Brücke. Ein paar Meter danach, weist links das Eisvogelschild hinauf zum Weg. Hinweis: Nach der ersten Station die Straße überqueren und dem Wiesenweg bergab in den Wald folgen. Etwas unklar ist die Wegführung gegen Ende der Wanderung: Hier nach

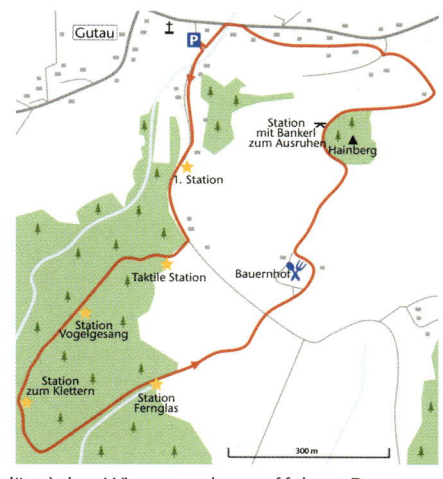

der vorletzten Station (Ferngläser) dem Wiesenweg bergauf folgen. Dann die Straße queren, und hinter dem Bauernhof vorbei. Der Feldweg führt zur letzten Station des Rundwegs.

Feld- und Waldaist im unteren Mühlviertel, nicht weit von Linz entfernt, sind sehr naturnahe Bäche, die durch Wiesen und schluchtähnliche Waldstücke fließen. An heißen Sommertagen kann diese Wanderung eine attraktive und ruhige Alternative sein. Die gewünschte Abkühlung findet man zum einen durch den Schatten der Bäume und zum anderen durch ein Bad im kühlen Bach (nichts für Zimperliche). Die Feldaist bietet immer wieder nette Bademöglichkeiten, z.B „altes Herrenbad."

Wetter: Anforderung: 🔴🟡   Gesamtdauer: 2 h

Anforderung: Leicht und mit geländegängigem Kinderwagen gut begehbar wenn man hin und zurück die gleiche Strecke geht, siehe Skizze.
Der Rundweg ist nur mit Trage möglich, ca. ½ km der Strecke führen über verwurzelte, oft matschige Waldwege.

Dauer: Eine Strecke: ca. 1 h, 2,5 km;
RW ca. 2 h, 5 km.

Wetter: Trockenes Wanderwetter, liegt großteils im Schatten. Ungeeignet nach starken Regenfällen. Bei feuchten Wegbedingungen empfehlen wir, den gleichen Rück- wie Hinweg zu nehmen.

Wanderwert für (Geschwister-) Kinder:	
2–3 Jahre:	Da die gesamte Runde zu weit ist, Kinderwagen oder Trage mitnehmen. Bei der Kumpfmühle, warten Schafe, Hühner, Graugänse und Hasen auf die Kinder.
4–6 Jahre:	Gut geeignet, mit Pausen zum Picknicken und Plantschen. Jause nicht vergessen, das Gasthaus hat unter der Woche erst am späten Nachmittag geöffnet.
Kinderfahrrad:	Der ganze Rundweg ist nicht fahrradtauglich, nur der Hinweg. Deshalb den gleichen Rück- wie Hinweg nehmen.

Navi: 4230 Pregarten, Bahnhofstr. 12

Anfahrt: A7 bis Autobahnende bei Unterweitersdorf, dann geradeaus weiter auf der Bundesstraße B124 Richtung Pregarten. Im Ortsgebiet von Pregarten den Hinweisschildern zum Veranstaltungszentrum Bruckmühle folgen.

Ausgangspunkt /(AP): Kulturzentrum/Gasthaus Bruckmühle, ausreichende Parkmöglichkeiten.

Bus/Bahn: Direktverbindung Bus bis Hst. Pregarten/Bahnhof. Vom Bahnhof die Bahnhofstraße weiter Richtung „Bruckmühle" wandern (5 Min Gehzeit).

Infos/Gaststätten: *Gasthaus Bruckmühle, Tel.: 07236/20960, www.bruckmuehle.at, geöffn. Mi bis Sa 11 bis 14 Uhr und ab 17 Uhr und So ab 10 Uhr, Mo, Di geschlossen.

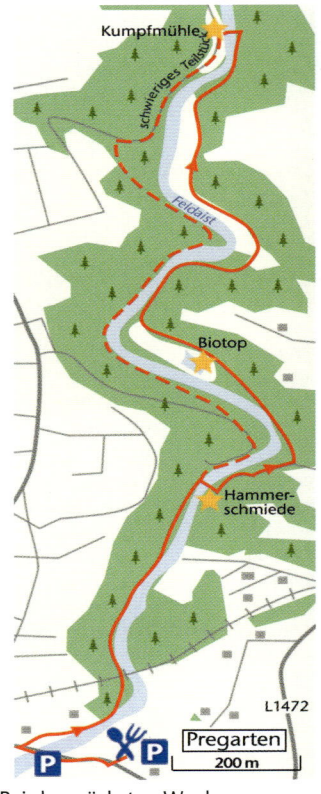

Wegbeschreibung RW Feldaist:
Vom Parkplatz die Hauptstraße Richtung Bahnhof zurückgehen und nach der Aistbrücke rechts dem Wegweiser ins „Obere Feldaisttal" folgen. Die zweite Brücke überqueren und bei der Hammerschmiede dem Weg nach links weiter folgen. Bei der nächsten Wegkreuzung zweigt der Wanderweg links ab und führt ein kurzes Stück über einen schmalen, etwas verwurzelten Feld- und Waldweg (gut mit geländegängigem Kinderwagen begehbar), direkt bis zur Kumpfmühle. Für diejenigen die mit dem Kinderwagen unterwegs sind ist hier der Umkehrpunkt. Gleicher Rück- wie Hinweg

ODER (holprige Trage-Variante): Bei der Kumpfmühle die Brücke überqueren und dann nach links wandern. Nach einem kurzen Stück bei der Weggabelung links dem Weg P4 folgen. Nun kommt man zu einem ca. 1/2 km langen Teilstück das es in sich hat, da es holprig und oft matschig ist. Kleine Stege führen über Bachgräben. Bei den nächsten Wegkreuzungen links halten und dem Weg entlang der Feldaist geradeaus bis zum Ausgangspunkt folgen.

32 Anton-Schosser-Hütte (ca. 1157m)
Im Ennstal bei Reichraming

Gerade im Sommer, wenn im Tal die Hitze brütet, tut es richtig gut, in kühlere Höhen zu gelangen. Zur Anton-Schosser-Hütte könnt ihr relativ weit mit dem Auto hinauffahren, das Panorama ist beeindruckend und der Weg nicht allzu lange. Die letzten Minuten (wie auch die Erweiterung zur Panoramaschaukel) sind mit dem Kinderwagen zu steil oder nur zu zweit bewältigbar. Darum entweder das Plateau unterhalb des Anstiegs als Ziel und Umkehrpunkt mit Picknick verwenden oder mit Trage wandern. Sonnenschutz nicht vergessen. Anmerkung: An schönen Wochenenden sind die Plätze bei der Hütte umkämpft.

Wetter:	Anforderung:	Gesamtdauer: 1 ½ h

Anforderung:	Mittel–schwierig; ca. 160 Hm; das letzte Stück (5 Min) ist mit Kinderwagen extrem steil und daher nur zu zweit empfehlenswert; der Rest ist ein gut gepflegter, mäßig ansteigender Schotterweg.
Dauer:	Ca. 1 ½ km; ca. 45 min eine Strecke.
Wetter:	Schönes Bergwetter. Sonnenschutz mitnehmen. Auch auf 1000 m Höhe kann es heiß werden – es ist nur weniger schwül als im Tal.

Sommerziele

Wanderwert für (Geschwister-) Kinder:	
2–3 Jahre:	Auf alle Fälle eine Trage für Motivationseinbrüche mitnehmen.
4–6 Jahre:	Sehr gut geeignet (siehe unter 2–3 Jahre). Es sind viele Familien mit Kindern in dieser Altersgruppe unterwegs. Vielleicht kann die Bergfee ab und zu hinter einem Stein ein paar gute Kraftspender auslegen. Abstecher zur „Panoramaschaukel" am Rückweg ist nett.
Kinderfahrrad:	Nicht geeignet.

Navi: 4462 Reichraming, Hohe Dirn Straße 44

Anfahrt: Autobahn Richtung Wien – Ausfahrt Enns-Steyr, B309 Richtung Steyr, dann B 115 nach Ternberg und weiter nach Losenstein. In Losenstein den grünen Schildern zum Schi- und Wandergebiet „Hohe Dirn" folgen (gut beschildert). Bis zum letzten! möglichen Parkplatz fahren (D-Oberer Parkplatz bzw. Berggasthof Hohe Dirn, Lifte 1 u. 2. P-B ist gebührenpflichtig).

Ausgangspunkt (AP): Letzter Parkplatz vor Schranken.

Infos/Gaststätten: *TV Ennstal, www.steyr-nationalpark.at,

*Alpenverein: www.alpenverein.at. *Anton-Schosser-Hütte des OeAV, Sonnenterrasse, an schönen Wochenenden sehr stark besucht, Ruhetag Mo – SB-Kühlschrank steht zur Verfügung, Tel. 07255/20620, www.schosser-huette.at.

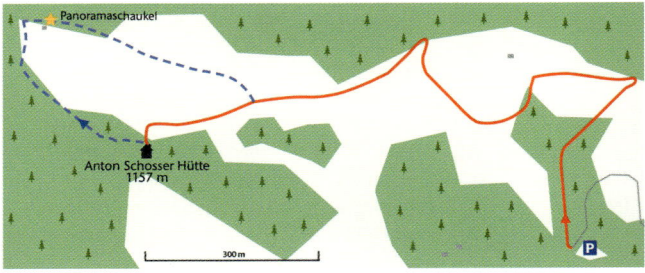

Panoramaschaukel

Anton Schosser Hütte
1157 m

300 m

Wegbeschreibung Anton-Schosser-Hütte:

Vom Parkplatz dem gut beschilderten Forstweg folgen. Zu Beginn des Weges befindet sich ein Schranken. Manchmal lässt er sich öffnen. Ansonsten Kinderwagen unten durchschieben. Nun geht es ein Stück durch den Wald, aber schon bald kommt man auf das Almgebiet mit herrlicher Aussicht. Die letzten Minuten (die Hütte ist bereits in Sicht) sind mit dem Kinderwagen (fast) nur zu zweit zu bewältigen.

Abstecher Panoramaschaukel (nur mit Trage möglich):

Ein Pfad hinter der Hütte führt zu einem Kreuz mit Bankerl und schöner Aussicht. Diese gilt es bereits hier auszunützen, denn bei der Panoramaschaukel sind die Bäume schon zu hoch geworden. Zurück zum AP, dann links halten und über Holzstufen, die über einen Zaun führen, zurück zur bekannten Forststraße.

Die Regenrouten im Überblick

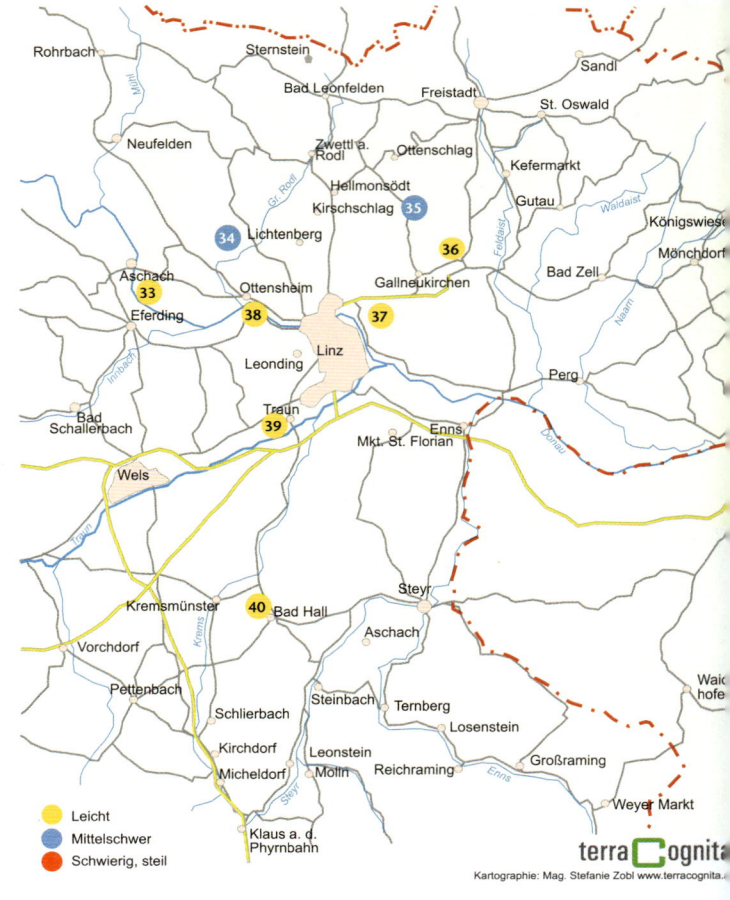

Rohrbach
Sternstein
Sandl
Bad Leonfelden
Freistadt
St. Oswald
Neufelden
Zwettl a.
Rodl
Ottenschlag
Kefermarkt
Hellmonsödt
Gutau
Königswiese
Kirschschlag
35
Mönchdorf
Aschach
34
Lichtenberg
33
36
Bad Zell
Eferding
Ottensheim
Gallneukirchen
38
37
Leonding
Linz
Perg
Bad
Schallerbach
Traun
Enns
39
Mkt. St. Florian
Wels
Steyr
Kremsmünster
40
Bad Hall
Aschach
Vorchdorf
Pettenbach
Steinbach
Ternberg
Schlierbach
Losenstein
Kirchdorf
Leonstein
Reichraming
Großraming
Micheldorf
Molln
Weyer Markt
Waid-
hofe

Klaus a. d.
Phyrnbahn

Leicht

Mittelschwer

Schwierig, steil

terra Cognita

Kartographie: Mag. Stefanie Zobl www.terracognita.a

Foto: Motorikpark Feldkirch

IV. Wege für regnerisches Wetter

Was tun, wenn die Wolken tage- oder wochenlang tief hängen und die Kinder immer „aufgedrehter" werden? Gerade an regnerischen Tagen strahlt die Natur eine große Ruhe auf die Kinder aus. Wir haben für dieses Wetter Wege ausgewählt, die auch bei „grauem" Wetter einen Reiz haben, nicht zu lange sind, eine Gaststätte zum Trocknen haben und Abwechslung bieten. Also rein in die Gatsch-hose und hinaus ins Freie! Lasst euch von der Wirkung überraschen. P.S. Alle Ziele haben es verdient, auch an Schönwettertagen noch-mals besucht zu werden ;-)

Die Wanderung bei den Feldkirchner Badeseen ist abwechslungsreich und kurzweilig für Kinder und Erwachsene. Der Motorikpark ist für Jung und Alt empfehlenswert. Hier können sich Kinder aber auch Jugendliche und Erwachsene bei den unterschiedlichen Balance- und Geschicklichkeitsgeräten erproben. Die Infrastruktur rund um die Seen erstreckt sich von diversen Spielplätzen bis hin zu gut ausgebauten Sanitäranlagen. Zusätzlich ist ein Abstecher zur Donau und zum Donauradweg möglich. Ein ganzes Kapitel mit Motorik- und Bikeparks findet ihr im Fortsetzungsbuch Abenteuer Natur Oberösterreich.

Wetter:	Anforderung:	Gesamtdauer: 1 ½ h

Anforderung:	Leicht. Eben. Asphaltierte und gute Schotterwege bzw. schöne angelegte Wiesen, die ebenfalls gut mit dem Kinderwagen befahrbar sind.
Dauer:	Je nach Runde ½–1 ½ h.
Wetter:	Besonders geeignet für durchwachsene Tage. Nicht empfehlenswert für heiße Tage, da kein Schatten und da die Wiesen von den Badegästen belegt werden.

Wanderwert für (Geschwister-) Kinder:	
2–3 Jahre:	Geschicklichkeitsgeräte im Motorikpark. Weitere Spielplätze entlang des Sees. Zum Baden gibt es auch einen abgegrenzten Kleinkinderbereich.
4–6 Jahre:	Siehe 2–3 Jahre. Ab drei Jahren bietet der Motorikpark für Kinder ein tolles Betätigungsfeld, gute Fahrradmöglichkeiten am Donauradweg. Der Motorikpark Feldkirchen eignet sich auch für größere Kinder, Jugendliche und Erwachsene.
Kinderfahrrad:	Sehr gut geeignet am Donauradweg. Runde um Badesee 3: größtenteils gut gepflegter Wiesenweg.

Navi: 4101 Feldkirchen, Badeseestr. 7

Anfahrt: B127 Richtung Ottensheim. Kurz nach Ottensheim links nach Feldkirchen abbiegen. Der Beschilderung nach Feldkirchen folgen. Auf der Höhe von Bad Mühllacken links zum Motorikpark und zu den Badeseen Feldkirchen abbiegen. Beim Stoppschild Straße überqueren, bei einer Linkskurve rechts in die Badeseestraße, dem grünen Schild Motorikpark folgend, abbiegen und einen der angeschriebenen Parkplätze wählen. Während der Sommermonate sind die Parkplätze gebührenpflichtig.

Ausgangspunkt (AP): Parkplatz beim Motorikpark

Bus/Bahn: Zum Beispiel Busverbindung bis Pösting Abzw. Goldwörth. Umsteigen in Bus bis Hst. Feldkirchen Donau/ Lauterbachsiedlung. Von der Lauterbachsiedlung in die Golfplatzstraße und dann in die Badeseestraße einbiegen.

Infos/Gaststätten: *S'Mostvierterl, Nähe Motorikpark, schöne Sonnenterrasse mit Blick auf den See, Tel. 0699/16323213, www.mostvierterl.at, geöff. ab Mittag bei schönerem Wetter, Herbst und Winter nur auf Anfrage ab 20 Personen geöffnet; *Thalhammers Restaurant-Café, Tel. 0699/11601958, www.thalhammers.at, tägl. geöff. Juni–Aug., Mai und Sept. Mo Ruhetag, Oktober - April Mo und Di Ruhetag (am Badesee 1 gelegen).

Wegbeschreibung
Seenrunde Feldkirchen:

Der Weg durch den Motorikpark ist selbsterklärend und die Runde um den See auch. Wir haben den See mit der Wasserskiliftanlage getestet

Tipp: Im Fortsetzungsbuch „Abenteuer Natur" gibt es ein ganzes Kapitel mit Motorikparks.

(Badesee 3). Für diese Umrundung braucht man ca. ½ Stunde. Grundsätzlich gibt es aber die Möglichkeit, alle fünf Seen zu umrunden (beschildert).

Zum Donauradweg: Folgt man den Geschicklichkeitsstationen im Motorikpark rechts hinunter zum „Barfußweg", dann erreicht man nach ca. 200 m die großzügig angelegten Sanitäranlagen. Gleich nach den Sanitäranlagen gibt es einen Ausgang aus der Badeanlage. Nach Überquerung der Straße geht es über eine kleine Brücke zum Donauradweg.

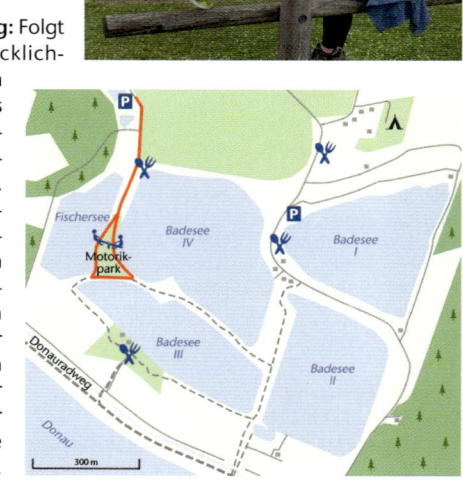

Dieser reizvolle Wanderklassiker lässt sich bei jedem Wetter unternehmen. Ein weiteres Plus: Sowohl beim Ausgangspunkt als auch beim Wanderziel locken besonders familienfreundliche Gasthäuser, beide haben einen Spielplatz und es gibt Streicheltiere. Andererseits ist an schönen Tagen richtig viel los.

Die großen Wiese kann man im Herbst zum Drachen steigen und im Winter zum Rodeln genützt werden. Die Wanderung führt – wie es sich für eine „Alm" gehört – an vielen Viehweiden vorbei.

Wetter: 	Anforderung:	Gesamtdauer: 2 h

Anforderung:	Mittel, Straßen und Forstwege, stetig leicht bergauf, dazwischen gibt es Flachpassagen zum Ausruhen, die letzten 100 Meter zum Gasthaus Gis Wiesenweg.
Dauer:	Hinauf ca. 1 ¼ Std., hinunter etwas schneller. (eine Strecke 4 km, über Wanderweg 3 km)
Wetter:	Bei so gut wie jedem Wetter geeignet.

Wanderwert für (Geschwister-) Kinder:	
2–3 Jahre:	Wir empfehlen eine Abkürzung: Mit dem Auto noch ein Stück die Almstraße hinauffahren (Parkmöglichkeit nach dem Waldstück). Für die gesamte Strecke Kinderwagen oder Trage nicht vergessen.
4–6 Jahre:	Für gehfreudige Kinder gut geeignet, sonst siehe 2–3 Jahre. Ein richtiges Gipfelkreuz und ein Gipfelbuch gibt's bei der Giselawarte.
Kinderfahrrad:	Nicht geeignet.

Navi: 4201 Lichtenberg, Almstraße 5

Anfahrt: A7 Mühlkreisautobahn, Ausfahrt Urfahr, dann den Wegweisern Richtung Pöstlingberg folgen, hinter dem Pöstlingberg weiter Richtung Lichtenberg, in Lichtenberg dem Wegweiser Richtung Eidenberg folgen. Kurz vor dem Ortsgebiet von Eidenberg rechts den Wegweisern „Eidenberger Alm" folgen.

Ausgangspunkt (AP): Parkplatz Eidenberger Alm, ausreichend Parkmöglichkeiten vorhanden.

Infos/Gaststätten: *Gasthaus Eidenberger Alm, schöne Sonnenterrasse, Spielplatz und Streicheltiere, Tel. 07239/5050, www.eidenberger-alm.at, geöff. Do bis So ab 07 Uhr, Ruhetage: Mo, Di, Mi. *Gasthaus zur Gis, schöne Sonnenterrasse, Spielplatz von der Terrasse einsehbar, beim Nebengebäude Ziegen, Ponys, Hühner, Tel. 07239/6230, www.gisaustria.com, geöff. Sa-Di ab 10 Uhr, Fr ab 14 Uhr, Ruhetage: Mi, Do.

Wegbeschreibung von der Eidenbergeralm zum Gasthaus Gis:
Vom Parkplatz die Almstraße hinaufwandern und immer dem Straßenverlauf bergauf folgen. Wer nur mit Trage oder „Gehkindern" unterwegs ist, kann den Wanderweg am oberen Ende des Parkplatzes rechts über die Weiden nehmen, Bei einer Ansiedlung wird die Straße zu einer breiten Forststraße, der man geradeaus in den Wald folgt. Die Wanderwegabzweigung nach links ignorieren (nicht kinderwagentauglich) und am

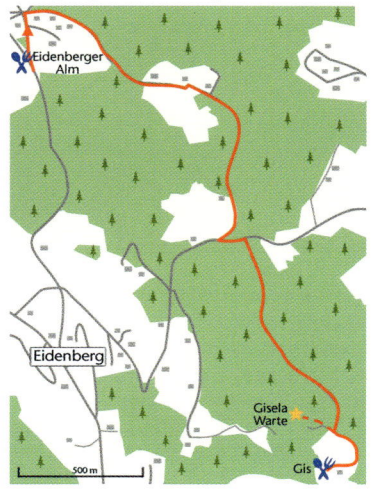

Haus vorbei, weiter bis zur asphaltieren Straße gehen. Dort links abbiegen und ein kurzes Stück die Straße entlanggehen. Bei der nächsten Wegkreuzung rechts abbiegen (Wegweiser „Gisela Warte"). Der asphaltierten Straße bergauf durch den Wald folgen. Rechts zweigt wieder der Wanderweg ab, mit Kinderwagen noch ein Stück geradeaus gehen bis zum Ende des Waldes. Nun kann man entweder dem Wiesenweg gleich zum Gasthaus wandern. Wer's tut, wird mit einem wunderbaren Ausblick belohnt!

35 Naturerlebnisweg Bergholz

Weikersdorf

nö, b

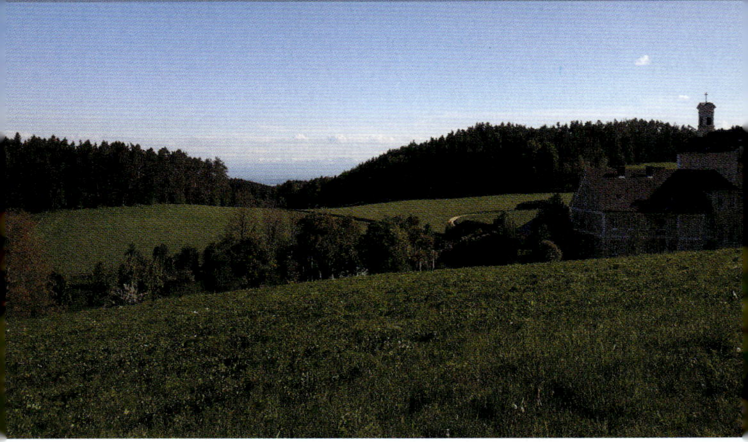

Abwechslungsreich für Kinder und Erwachsene ist dieser Naturerlebnisweg zum Thema Wald. Korbschaukeln, Holzxylophon etc. machen für die größeren Kinder Lust auf die nächsten Stationen. Der Waldweg ist halbwegs mit Kinderwagen befahrbar, besser ist, mit Trage zu gehen. Es ist kein Gasthaus in unmittelbarer Nähe. Dies kann sich bei einem unvorhergesehenen starken Regenguss als Nachteil erweisen. Zum Ausruhen (sicherheitshalber Sitzunterlagen mitnehmen) gibt es aber Rastplätze mit Bänken und Tischen im Wald. Wir haben den Weg als sehr entspannend empfunden, da die Gegend sehr ruhig und etwas abgelegen ist.

Wetter: Anforderung: Gesamtdauer: 1 ½ h

Anforderung: Leicht. Geringfügige Steigungen. Teilweise holprige Wald- und Schotterwege, daher ist ein geländegängier Kinderwagen notwendig.

| **Dauer:** | RW 1,7 km – je nach Aufenthalt bei den Spielstationen 30–90 min. |
| **Wetter:** | Klassisches Wanderwetter. Der Wald bietet guten Schutz bei leicht regnerischem Wetter. |

Wanderwert für (Geschwister-) Kinder:	
2–3 Jahre:	Spielstationen wie Korbschaukeln etc. entlang des Themenweges, kurze Wegstrecke zum Selbergehen.
4–6 Jahre:	Siehe 2–3 Jahre. Das Thema Wald und Holz wird den Kindern spielerisch nähergebracht. Empfehlenswerte Tour in der Heidelbeerzeit!
Kinderfahrrad:	Nicht geeignet.

Navi: 4211 Alberndorf, Weikersdorf 7

Anfahrt: A7 Richtung Freistadt, Abfahrt Gallneukirchen, in Gallneukirchen Kreisverkehr passieren, dann nach links in die Lederergasse abbiegen und rechts Richtung Gusenhalle/Freizeitzentrum in die Oberndorferstraße abbiegen, über die kleine Brücke drüber und links in die Reichenauerstraße abbiegen. Nach einigen Kilometern direkt beim aufgelassenen Restaurant Bruckmühle links nach Kelzendorf/Weikersdorf abbiegen. Nach knapp 2,5 km vor dem auffälligen, großen, gelben ehemaligen Gästehaus Weikersdorf rechts zum Parkplatz abbiegen.

Ausgangspunkt (AP): Parkplatz beim Gästehaus Weikersdorf.

Infos/Gaststätten: *Nähestes Gasthaus: Dorfwirt Enzenhofer in Kelzendorf (ca. 0,5 km den asphaltierten Anfahrtsweg weitergehen), geöff. Sa/So/Feiertag ganztägig (warme Küche), Do, Fr ab 15.00 Uhr (kalte Küche), Tel. 07235/7011, www.enzenhofer-dorfwirt.at.

Supernette Tour, die Stationen sind aber schon ein bisschen veraltet.

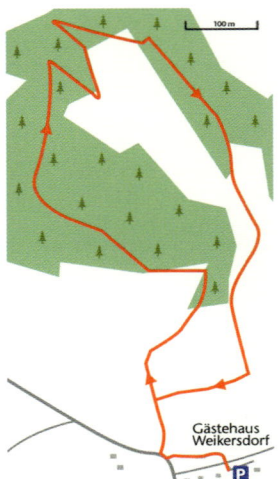

Wegbeschreibung Naturerlebnisweg:

Die Hinweisschilder zum Naturerlebnisweg sind sehr dezent, aber vorhanden. Vom P beim Gästehaus Weikersdorf zur Anfahrtsstraße gehen. Links neben dem Gästehaus führt die anfangs etwas steilere Schotterstraße hinauf zum Naturerlebnisweg. Vorbei an einer Christbaumzucht, befindet sich an der Waldgrenze eine Übersichtskarte. Hier links entlang der Waldgrenze wandern, bis der Weg nach rechts in den Wald abbiegt. Dann sofort links halten. Den Anfang des Naturerlebnisweges haben wir etwas schwierig gefunden, da mehrere Pfade in den Wald hineinführen.

Die erste Station, die doppelte Korbschaukel, ist durch die Bäume hindurch sichtbar und ab da ist der Verlauf durch die Stationen bestimmt.

Die Wanderung führt durch das reizvolle Landschafts- und Naturschutz-gebiet „Kleine Gusen". Entlang der Pferdebahn gibt es vereinzelt Schau-tafeln mit Informationen zur Geschichte dieses Weges. Leider hat das Pferdebahnstüberl geschlossen, aufgrund der geschützen Lage durch den Wald eignet sich der Weg zum Stüberl weiterhin bei Nieselwetter.

Wetter:	Anforderung:	Gesamtdauer: 2 h

Anforderung:	Leicht. Eben. Asphalt- und guter Schotterweg.
Dauer:	RW: Ca. 2 h, 7 km.
Wetter:	Jedes Wanderwetter. Hinweis: nur schattig bis zum Pferdebahnstüberl, dann offene Flächen. Im Frühling kann das Wasser teilw. zu hoch zum Queren stehen.

Wanderwert für (Geschwister-) Kinder:

2–3 Jahre:	Schöner Spielplatz beim AP (Sandkiste mit Wasser-pumpe u.v.m. (Wechselkleidung!), evtl. nur Aus-schnitt gehen.
4–6 Jahre:	Siehe 2–3 Jahre, nette Wasserzugänge, Infostationen zur Geschichte der Pferdeeisenbahn.
Kinderfahrrad:	Gut geeignet. Teilweise Autoverkehr.

Navi: 4210 Unterweitersdorf, Sportplatzstr. 1

Anfahrt: A7 Mühlkreisautobahn Richtung Prag/Freistadt. Ausfahrt Unterweitersdorf, der Beschilderung nach Unterweitersdorf folgen. Durch Ortszentrum zum Sportplatz.

Ausgangspunkt (AP): Parkplatz beim Sportplatz.

Bus/Bahn: Direktverbindung Bus bis Hst. Unterweitersdorf/Reitern.

Infos/Gaststätten: *Das Pferdebahnstüberl war bei Drucklegung leider geschlossen, daher Proviant mitnehmen. *Einkehrmöglichkeiten in Unterweitersdorf.

Wegbeschreibung Rundweg Unterweitersdorf:

Vom Ausgangspunkt die Bundesstraße überqueren und der Beschilderung Pferdeeisenbahn (großes Hinweisschild) folgen. Anfangs führt ein asphaltierter Weg durch eine Ansiedlung. Nach Ortsende der Straße weiter folgen und beim <u>nächsten Ortsschild!</u> rechts in die Schotterstraße einbiegen. Diese führt in den Wald oberhalb der Kleinen Gusen bis zum ehemaligen Pferdebahnstüberl. Bei regnerischem Wetter empfehlen wir ab hier den gleichen Rück- wie Hinweg.

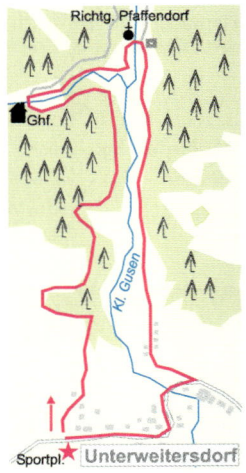

Rundweg: Beim Stüberl die Brücke überqueren und scharf rechts weitergehen. (Achtung: Ab hier nicht mehr den Markierungen des Pferdeeisenbahn-Wanderwegs folgen!) Anfangs geht es direkt entlang des Bürstenbachs und dann entlang der Kleinen Gusen auf einer Forststraße weiter. Bei einem Marterl und einem Bauernhof nach der Brücke nach rechts. Der wiederum asphaltierte Weg mündet im Ortszentrum von Unterweitersdorf in die Hauptstraße (Obere Dorfstraße). Rechts über die Brücke der Kleinen Gusen, leicht bergauf, zurück zum Ausgangspunkt.

37 Am Pfenningberg

Steyregg: Beliebtes Ausflugsziel

nö, sk

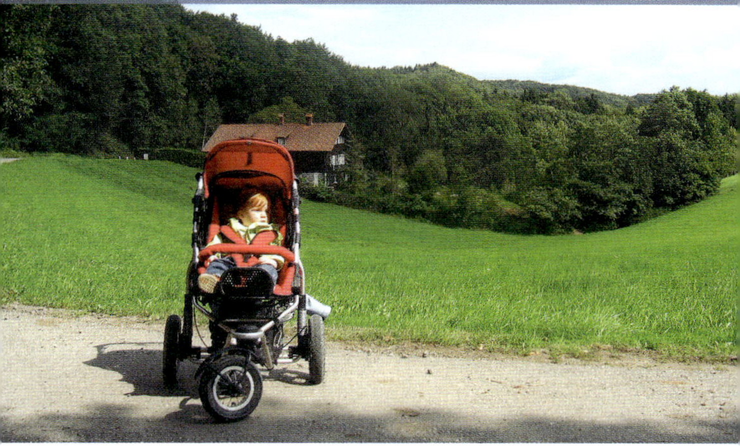

Der Pfenningberg ist nach dem Pöstlingberg der zweite Hausberg der Linzerinnen und ebenfalls sehr bekannt. Der Gipfel selbst ist vom Steyregger Wald bedeckt und kann mit dem Kinderwagen nicht erwandert werden. Eine nette und beliebte Wanderroute führt vom Gasthaus Daxleitner zum westlichen Teil des Pfenningbergs. Wir haben den Weg trotz seiner Bekanntheit ausgewählt, weil sich die Wanderung sehr gut für den Kinderwagen eignet und aufgrund der Nähe zu Linz auch an einem verregneten Nachmittag eine nette Alternative ist. Abhängig von der eigenen Kondition und der Sitz- bzw. Liegeausdauer des Kindes kann die Strecke ausgedehnt oder verkürzt werden.

Wetter: Anforderung: Gesamtdauer: 1 ½ h

Anforderung: Leicht, leichte und kurze Steigungen.

Dauer: Eine Strecke: 45 min.

Wetter: Bei jedem Wetter geeignet; auch an Regentagen, da Teile der Strecke durch den Wald führen und dieser Schutz bietet.

Wanderwert für (Geschwister-) Kinder:	
2–3 Jahre:	Trage oder Kinderwagen mitnehmen, da die ganze Strecke sicher zu weit ist.
4–6 Jahre:	Dauer und Wegbeschaffenheit für diese Altersgruppe gut geeignet. Der Pfenningberg ist eine sehr wildreiche Gegend – mit etwas Glück könnt ihr Waldtiere beobachten. Schöne Spielmöglichkeiten im Wald wie Balancieren auf den herumliegenden Totholzbäumen (bitte jedoch aufpassen) oder Kraxeln auf Granitfindlingen.
Kinderfahrrad:	Der Wanderweg liegt auf dem Mountainbike-Streckennetz Pfenningberg und ist für erste Mountainbikerfahrungen super geeignet.

Navi: 4221 Steyregg, Lachstatt 1.

Anfahrt: Von A1, A7 über Ausfahrt 8 auf die B3 abfahren und dieser bis Steyregg folgen. In Steyregg Richtung Stadtplatz und auf der Holzwindener Straße und Lachstatt bis zum Gasthaus Daxleitner.

Ausgangspunkt (AP): Gasthof Daxleitner

Infos/Gaststätten: *Gasthaus Daxleitner, schöner Gastgarten mit wunderbarem Ausblick ins Mühlviertler Hügelland, Tel. 0676 4166326 od. 0732 640 140, Ruhetage: Mo, Di. www.daxleitner.at. *Ca. 100 m nach dem Gasthaus befindet sich der Rastplatz Mühlviertelblick mit Panoramaaussicht.

Wegbeschreibung zum Gasthaus Daxleitner:

Vom Ausgangspunkt dem gut-beschilderten Stadtwanderweg Pfenningberg-Steyregg (Weg Nr. 8) folgen. Die Forststraße ist kaum von Autos befahren und eignet sich deshalb gut als Wanderstre-cke. Sie mündet in eine asphaltie-re Zufahrtsstraße, welche links an einem großen Holzlagerplatz und dem Aufstieg zum Pfenningberg vorbeiführt. Hier befindet sich der Umkehrpunkt.

Verlängerung: Wer noch etwas weiter wandern möchte, folgt der Zu-fahrtsstraße weiter geradeaus, bei der folgenden Kreuzung links und gleich danach rechts und kommt so zum Biohof Brauner. Direkt vor dem Hof gibt es die Möglichkeit Gänse auf einer große Weide zu beobachten. Gleicher Rück- wie Hinweg.

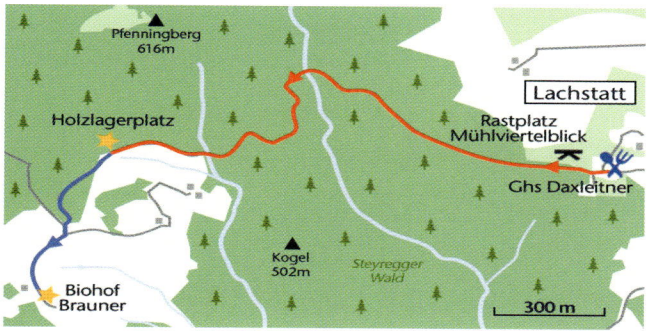

Dieses Nahziel bietet für regnerische Tage einen großen Spielplatz, einen geschützten Weg und gute Bodenbeschaffenheit. Schön ist auch der Blick auf Markt und Schloss Ottensheim. Hinweis: Bei bestimmten Wetterlagen gibt es dort viele Mücken und bei schönem Wetter sind viele Radlerinnen unterwegs. Wer länger gehen möchte, kann die Wanderung Richtung Stift Wilhering (nette Pausen-Bankerl im Stiftsgarten) oder bis zum großen Donaustrand ausdehnen.

Wetter:	Anforderung:	Gesamtdauer: 1 ½–2 h

Anforderung:	Leicht. Eben. Durchgehend asphaltiert. Verlängerung bis Donaustrand: Sand- bzw. guter Waldweg (Treppelweg).
Dauer:	Eine Strecke: ca. ¾ h, 3 km. Verlängerung: zusätzlich ½ h, 2 km.
Wetter:	Jedes, nicht zu heißes Wetter. Wenig Schatten.

Wanderwert für (Geschwister-) Kinder:	
2–3 Jahre:	Großer Spielplatz ca. 200 m donauabwärts von der Donaufähre (Ziel- bzw. Umkehrpunkt) entfernt.
4–6 Jahre:	Siehe 2–3 Jahre. Donaustrand bei Verlängerung. Der Fischlehrpfad besteht leider nur aus Info-Tafeln.
Kinderfahrrad:	Gut geeignet. Bodenbeschaffenheit s. Anforderung.

Navi: 4073 Wilhering, Faller Straße 28

Anfahrt: Von Wilhering Richtung Eferding, ca. 2 km nach Ortsende von Wilhering-Ufer rechts in die Fallerstraße einbiegen, der Hinweistafel zum Ghf. „Bründl im Fall" folgen.

Ausgangspunkt (AP): Parkplatz beim Gasthaus „Bründl im Fall".

Bus/Bahn: Direktverbindung Bus bis Hst. Wilhering Fähre.

Infos/Gaststätten: *Gemeinde Wilhering, Tel. 07226/2255, www.wilhering. at. *Donaufähre nach Ottensheim, tägl. Fährbetrieb, www.faehre.ottensheim.at. *Ghf. „Bründl im Fall" (beim AP): bei Drucklegung leider geschlossen. *Restaurant Dionysos (beim Umkehrpunkt), tgl. ab 11.30 Uhr geöffnet, Tel: 07226/2212, www. dionysos-restaurant.at.

**Weg-
beschreibung
Fischlehrpfad:**
Beim Gasthaus „Bründl im Fall" (geschlossen) die Anfahrtsstraße weitergehen und sogleich nach rechts in die kleine Ortschaft Fall einbiegen. Dann den Schildern „Fi-

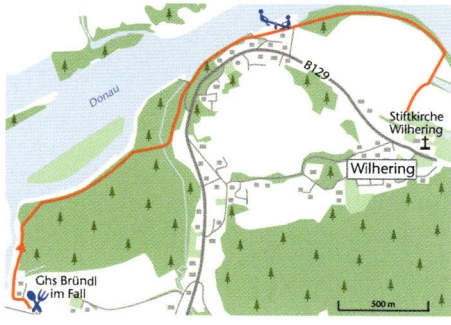

schlehrpfad" / „R1" links hinunter folgen. Der Fischlehrpfad (besteht nur aus Info-Tafeln) führt immer geradeaus entlang des Innbachs. Vor dem Rastplatz „Fischlehrpfad" macht die Straße eine Rechtskurve, weg vom Innbach, durch den Auwald hin zur Donau. Nun flussabwärts bis zum großen Spielplatz, dem Ziel der Wanderung.

Verlängerung: Einfach weiter der Donau entlang bis zu einem großen Kieselstrand. Gleicher Rück- wie Hinweg. Etwas vorher geht fast im rechten Winkel ein Stichweg über Wiesen zum Stift Wilhering weg (nicht beschildert aber (fast) selbsterklärend).

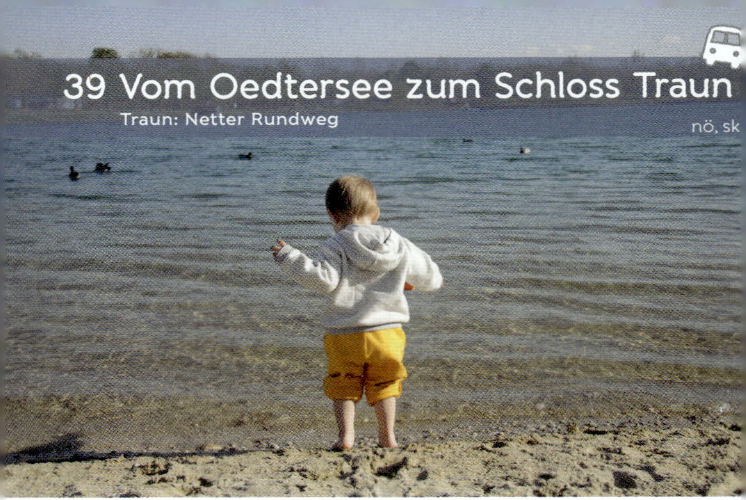

Der Badesee Oedt liegt am Rande der Traunauen und bietet zu jeder Jahreszeit Spaziermöglichkeiten. Nicht zu Unrecht ist der Oedtersee ein beliebtes Naherholungsgebiet und an Badetagen ist der Parkplatz bald einmal wegen Überfüllung gesperrt. Vom See gibt es einen sehr netten Rundweg über das Schloss Traun. Die am Weg liegenden Einkehrmöglichkeiten machen den Weg auch für regnerisches Wetter attraktiv. Zusätzlich bietet die Freitzeitanlage und der neue Motorikpark ein vielfältiges Angebot für Kinder.

Wetter:  Anforderung: Gesamtdauer: 1 ½ h

Anforderung:	Leicht. Gut geschotterte Wege. Eben.
Dauer:	RW: 1 ½ h; 5 km (inkl. Seeumrundung).
Wetter:	Geeignet für jedes Wetter. Auch im Winter ein nettes Ausflugsziel. Der Fußgängerweg vom Parkplatz beim Oedtersee zum Schloss Traun ist durch Bäume gut geschützt.

Wanderwert für (Geschwister-) Kinder:	
2–3 Jahre:	Enten beobachten, am See: kostenloses Kinderplanschbecken, Freizeitanlage mit Hallen- und Freibad, Sandstrand, Spielplätze.
4–6 Jahre:	Siehe 2–3 Jahre. Baden im See, Wassertemperatur bis ca. 21°, Auskunft s. Info. Im Schlosspark zusätzlich Rodelhügel. Im Schlossgraben können Goldfische beobachtet werden.
Kinderfahrrad:	Gut geeignet.

Navi: 4050 Traun, Traunerstr. 25b

Anfahrt: A1 Richtung Salzburg, Abfahrt Haid, Haid passieren und nach rechts Richtung Traun abbiegen, beim Kreisverkehr Ausfahrt B 139 Traun-Oedt/Flughafen nehmen, beim Kreisverkehr nach dem Tunnel Ausfahrt Traun-Oedt/Badezentrum, beim folgenden Kreisverkehr gerade Richtung Badezentrum/Eishalle und bei einem weiteren Kreisverkehr Ausfahrt links Richtung Badezentrum/Eishalle, nach ca. ½ km rechts zum Parkplatz des Badezentrums abbiegen.

Ausgangspunkt (AP): Ausgangspunkt Straßenbahnlinie 4, Schloss Traun.

Ausgangspunkt PKW: Parkplatz Badezentrum.

Bus/Bahn: Direktverbindung Welser Busse bis Hst. Traun Oedt Badesee/Trauner Straße oder von Linz zum Schloss Traun mit Straßenbahnlinie 4 (Achtung: Kernzonengrenze Trauner Kreuzung) .

Infos/Gaststätten: *Badezentrum Traun: Tel. 07229/727 79 oder Stadtgemeinde Traun: Tel. 07229/688, www.traun.at, See: kein Eintritt, öffentliche WCs, Buffet, Spielwiese. *Restaurant Seestern im Badezentrum, Tel.: 07229/51010, geöffnet Mo–Fr 10–22 Uhr. *Schloss Traun, Tel. 07229/668822, www.schlosstraun.at, tägl. ab 11 Uhr. *Restaurant Traunerhof, Tel. 07229/73323, www.traunerhof.at, Ruhetag Fr.

Wegbeschreibung Oedtersee:

Hinweis: je nachdem ob die Anfahrt mit Öffis oder PKW erfolgt gibt es unterschiedliche Ausgangspunkte.

<u>AP Hst. Schloss Traun:</u> in Straßenbahnfahrtrichtung weitergehen und rechts parallel zur großen Straße (Kremstalstraße/Traunuferstraße) zum Traunerhof. Weitere Runde wie beschrieben.

<u>AP Parkplatz:</u>
Vom Eingang Badezentrum führt links hinter der Gradieranlage ein gekennzeichneter Fußgängerweg Richtung Traun, diesem geradeaus folgen. Der Weg ist durch Bäume geschützt. Nach ca. 15 Min.
führt eine Brücke über die Kremstalbundesstraße. Diese überqueren. Geradeaus weiter geht es zum Schloss Traun. Beim Schloss rechts auf der asphaltierten Schlossstraße am Traunerhof vorbei, bis zu einer kleinen Brücke. Nach dieser rechts in den geschotterten Radweg Richtung Badesee abbiegen. Dieser ist nur zu Beginn schattig und führt entlang der Eisenbahnschienen zum See. Für größere Kinder sind die vorbeifahrenden Züge spannend. Mit der Seeumwanderung am Schotterweg direkt am Ufer des Sees schließt sich die Runde.

Der historische, 34 ha große Kurpark im Zentrum von Bad Hall bildet das schöne Ambiente dieses Spazierganges. Weitläufige Wald- und Wiesenflächen, spannende Spielplätze, Geschicklichkeitsbereiche für Kinder und schön angelegte Ruheplätze bieten Abwechslung und Erholung zugleich. Die Rundwege durch den Park sind variantenreich, kinderwagen- und kinderfreundlich und es gibt nette Einkehrmöglichkeiten.

Wetter: 	Anforderung:	Gesamtdauer: ¾ h

Anforderung:	Leicht. Schotterwege. Größere Steigungen bei den Rundwegen.
Dauer:	Parkdurchquerung ca. 30—45 min im Schnelldurchlauf. Unbedingt Zeit einplanen für die Spielplätze. Längere Variante: AP Ghf. Lamplhub, dadurch Wegverlängerung um ca. ½ km.
Wetter:	Geeignet für jedes Wetter, viel Schatten. Bäume bieten Schutz bei regnerischem Wetter.

Wanderwert für (Geschwister-) Kinder:	
2–3 Jahre:	Kurze Wegstrecken möglich, abwechslungsreiche, schattige Spielplätze (z.B. auch mit kleinem Karussell, Erlebnisspielplatz mit Hangrutsche und vieles mehr. Freilaufende Hühner beim AP Gasthaus Lamplhub.
4–6 Jahre:	Siehe unter 2–3 Jahre.
Kinderfahrrad:	Nicht geeignet, da größere Steigungen bei den Rundwegen.

Navi: AP Großparkplatz: 4540 Bad Hall, Theaterstr. 2; AP Gasthaus Lamplhub (längere Variante): 4540 Bad Hall, Lamplhuberstraße 2.

Anfahrt: A1 Richtung Salzburg, Abfahrt Haid, in Haid bei der Kreuzung zur B 139 links Richtung Bad Hall abbiegen und dann den Hinweisschildern nach Bad Hall folgen. Entweder auf dem kostenlosen Großparkplatz (befindet sich in Bad Hall kurz nach dem Parkhaus rechts an der B122)

Anfahrt Längere Variante: wie oben, jedoch kurz vor dem Ortsende-Schild Bad Hall rechts Richtung Adlwang abbiegen, links der Adlwangerstraße folgen und nach den Häusern rechts in den Güterweg Lamplhub einbiegen. Dem Güterweg bis zum Gasthaus Lamplhub folgen und entlang der Straße parken.

Ausgangspunkt (AP): Parken auf dem kostenlosen Großparkplatz (befindet sich in Bad Hall kurz nach dem Parkhaus rechts an der B122) oder Güterweg Lamplhub: Ausweitung der Wanderung um ca. 0,5 km, siehe Skizze.

Bus/Bahn: Mit der Bahn bis Rohr. Umsteigen in Bus bis Haltestelle Bad Hall Busterminal.

Infos/Gaststätten: *TV Bad Hall: Tel. 07258-7200-0, www.badhall.at; *Hotel Miraverde (mitten im Kurpark), ruhige Atmosphäre, Tel. 07258/7996600. *Gasthaus Lamplhub, Lamplhuberstraße 2, 4540 Bad Hall, Tel. 07258 3683, tgl. geöff., Ruhetage: Mo, Di.

Wegbeschreibung längere Variante (AP Gasthaus Lamplhub):

Die Wanderung beginnt gegenüber den Parkplätzen des Gasthauses. Ein asphaltiertes, ebenes Straßerl (Zollnerstraße) führt über die Felder geradeaus nach Bad Hall. Beim Rehazentrum Sonnenpark führt der Weg direkt in den Park. Etwa 300 m hinter dem Ausgangspunkt befindet sich noch eine Kapelle, erreichbar über einen kinderwagentauglichen Weg über die Wiese.

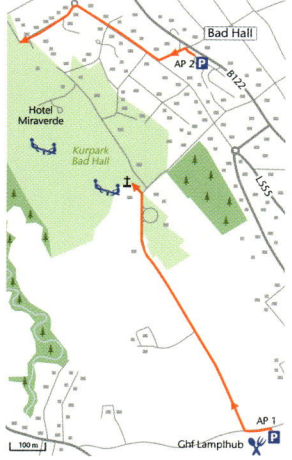

Wegbeschreibung AP Zentrum Bad Hall:

Von der Theaterstraße rechts in die Steyrerstraße abbiegen. Dieser bis zum Kreisverkehr folgen und dann links in die Franz Josef Straße einbiegen. Geradeaus bis zum Kurpark gehen.

Es gibt mehrere Rundwege durch den Park, die mehr oder weniger direkt an vier abwechslungsreichen Spielplätzen vorbeiführen. Das macht den Spaziergang für Kinder sehr attraktiv. Bei unserem letzten Spaziergang gab es einen Themenweg über Bienen mit eigenem Bienenschauhäuschen. Unsere Empfehlung: Viel Zeit nehmen und den Park mit den Kindern genießen.

Die Ausflugsziele für kleine Füße im Überblick

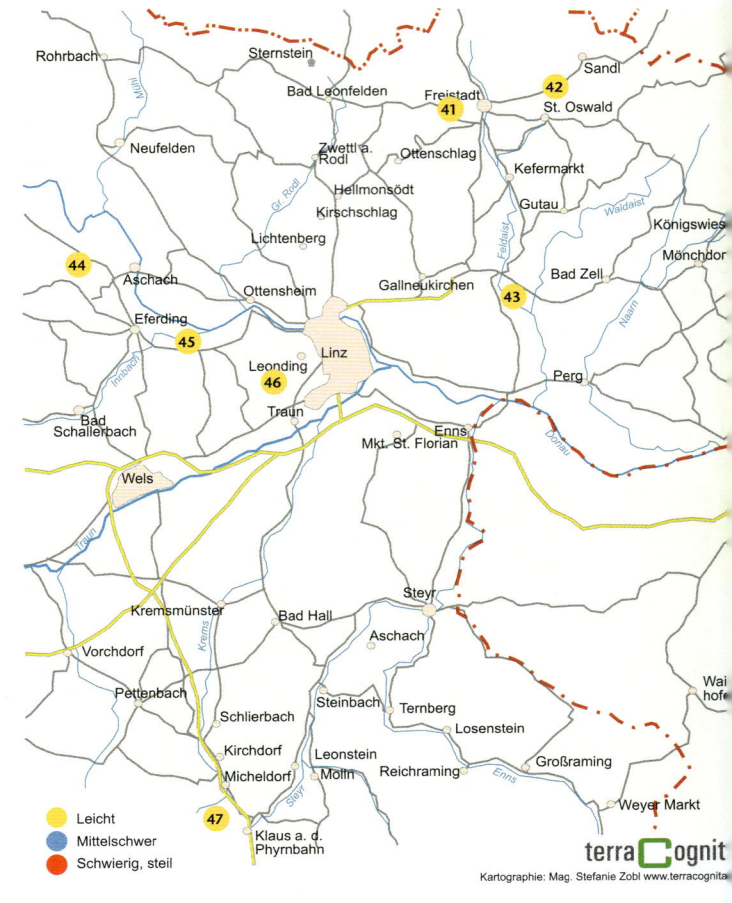

Leicht

Mittelschwer

Schwierig, steil

terraCognit

Kartographie: Mag. Stefanie Zobl www.terracognita.at

V. Ausflugsziele und Wandertipps für kleine Füße

In diesem Kapitel findest Du schöne Plätze zum Auftanken Für Kinder, die dem Kinderwagen schon entwachsen sind, haben wir zudem hier Wandertipps gesammelt, die kurz und abwechslungsreich sind, also etwas zum „Eingehen".

 Weitere lässige Ausflugsziele auf Instagram: **wandaverlagtoptouren**

41 Spechtweg

Waldburg: Spiel-Eldorado

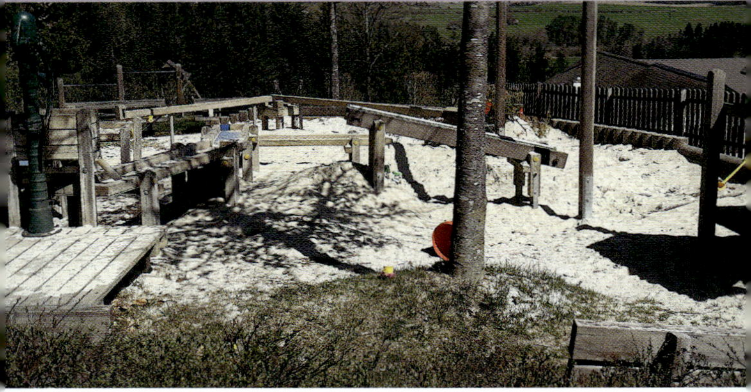

Eigentlich ist der ganze Wald durch welchen der Rundweg führt, ein super Naturspielplatz. Ob Zapfen, Steine, Äste, überall findet sich etwas zum Spielen oder Bauen. Neben Balancierstationen und Klettermöglichkeiten gibt es unter anderem einen Dachsbaum. Ein großer ausgehöhlter Baumstamm in den die Kinder hineinkriechen können. Am Ende des Weges kommt man zum großen Abenteuerspielplatz. Einfach perfekt zum Austoben. Da der Spechtweg bis auf wenige Meter nur im Wald verläuft, nicht sehr lang ist und sich direkt daneben eine Gaststätte zum Aufwärmen befindet, ist er auch super für nicht so schönes, nasses Wetter geeignet.

Wetter: Anforderung: Gesamtdauer: ½–1 h

Anforderung: Leicht; 60 Hm; leichte bis mittlere Steigungen; Wald- und Wiesenwege.

Dauer: Direkte Zufahrt zu Spielplatz. RW: siehe Wandertipp für kleine Füße.

Wetter: Jedes Wanderwetter, und auch bei Nieselwetter.

Wanderwert für (Geschwister-) Kinder:

2–3 Jahre:	Perfekt geeignet. Sehr großer Spielplatz mit super Sandspielbereich, daher Sandspielsachen mitnehmen und vor allem viel Spielzeit einplanen.
4–6 Jahre:	Siehe 2–3 Jahre.
Kinderfahrrad:	Gut geeignet mit Laufrad.

Wandertipp für kleine Füße: Spechtweg

Dauer:	Ca. ½ h, ca. 1 km.
Anford.:	Leicht, geringe Steigungen.

Vom Ausgangspunkt aus sieht man schon das große Schild am Waldrand. Hier beginnt der super gekennzeichnete Rundweg. Einfach den Spechtweg-weisern folgen. Detailbeschreibung siehe unten.

Navi: 4240 Waldburg, Nähe Wimbergstüberl beim Sportplatz Waldburg 61

Anfahrt: A1/A7, weiter auf S10, hier Ausfahrt 16 und nach Waldburg. Durch Waldburg durchfahren, an der Volksschule vorbei. Kurz vor dem Ortsende zweigt links die Zufahrtsstraße in Richtung Sportplatz und Spechtweg ab (Wegweiser). Parkmöglichkeiten gibt es direkt beim Sportplatz.

Bus/Bahn: Hst. Waldburg OÖ Ortsmitte. Gehzeit zum Ausgangspunkt ca. 15 Minuten. Von der Haltestelle in Richtung Gemeindeamt gehen. Bei der Kreuzung nach rechts, am Pfarramt und der Volksschule vorbei. Direkt beim Haus Waldburg 40 zweigt der Weg nach links bergauf in Richtung Sportplatz ab (Wegweiser). An der nächsten Kreuzung nach rechts und geradeaus zum Ausgangspunkt wandern.

Ausgangspunkt (AP): Große Tafel am Beginn des Rundweges.

Infos/Gaststätten: *Gemeindeamt Waldburg, Tel. 07942 8300, www.waldburg.at. *Wimbergstüberl, Tel. 07942 8216.

Wegbeschreibung Spechtweg:

Gleich zu Beginn kommt man zum Dachsbaum und einigen Kletterfelsen. Der Weg führt weiter an Fitnesstationen und Infotafeln vorbei durch den Wald. Für eine kurze Rast gibt es genügend Bänke. Kurz vor dem Ende des Rundweges und dem Abenteuerspielplatz befindet sich die Station „Zapfen werfen".

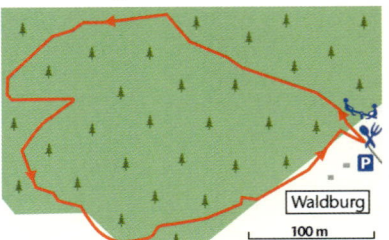

Waldburg

100 m

Der Spielplatz ist in Etagen angelegt und von der Terasse des Stüberls hast du alles schön im Blick

42 Mühlviertler Hüttenidylle (902 m)

St. Oswald: am Braunberg   le, sk

Die Braunberghütte kratzt schon fast an der 1000-m-Seehöhe-Marke und ist die einzige bewirtschaftete Alpenvereinshütte des Mühlviertels. Der weite Platz vor der Hütte bietet Kindern viel Spielraum und der Blick auf die Mühlviertler Hügellandschaft ist wunderbar. Der Wanderweg zum 15 Min. entfernten Gipfelkreuz ist bis zuletzt mit geländegängigem Kinderwagen begehbar. Aufgrund seiner Kürze können junge Wanderinnen bereits selbst ihre erste Gipfelbesteigung wagen. Am Wochenende kann bei Schönwetter sehr viel los sein, besser ist es daher unter der Woche.

Wetter:	Anforderung: 🟡	Gesamtdauer: ½ h

Anforderung:	Braunberghütte nur mit Auto erreichbar. Wanderwege rund um die Hütte nur eingeschränkt kinderwagengeeignet. Auch sehr kleine Kinder können den Weg schon zum Gipfel schaffen.
Dauer:	Direkte Zufahrt zur Hütte.
Wetter:	Geeignet für schönes Wetter, aber auch für weniger schöne Tage, die Gaststube lädt zum Verweilen ein.

Wanderwert für (Geschwister-) Kinder:

2–3 Jahre:	Platz zum Herumtoben, kleiner Spielplatz mit Sandkiste und Schaukel vor der Hütte.
4–6 Jahre:	Siehe 2–3 Jahre. Entdeckungen im Wald, erste Gipfelbesteigung (siehe Wandertipp für kleine Füße).
Kinderfahrrad:	Nicht geeignet.

Wandertipp für kleine Füße: *„Anstieg zum Ostgipfel des Braunbergs"*

Dauer:	15–30 Min. eine Strecke.
Anford.:	Leicht ansteigender, schattiger, gemütlicher Wanderweg.

Ein Gipfelsieg mit Gipfelkreuz und Eintrag im Gipfelbuch für die Jüngsten! Vom Parkplatz bei der Hütte geht es zurück zur Zufahrtsstraße. Direkt dort beginnt der Wanderweg zum Ostgipfel (beschildert) Der kleine Abstecher über den Aussichtspunkt St. Oswald ist lohnend, durch den hohen Baumwuchs ist die Aussicht aber leider etwas versperrt, der Weg mündet dann wieder in den Hauptweg. In der Folge immer den Hinweisschildern Richtung Ostgipfel folgen. Die letzten paar Meter führen über Blockgestein zum Gipfel. Bis auf dieses letzte Stück ist der Weg sogar mit einem geländegängigen Kinderwagen begehbar.

Navi: 4271 St. Oswald, Witzelsberg 20

Anfahrt: A7 Mühlkreisautobahn Richtung Freistadt. Am Ende der Autobahn links halten und weiter auf der S10, bei Ausfahrt Freistadt Süd Richtung Freistadt Süd abfahren. Beim ersten Kreisverkehr erste, beim zweiten Kreisverkehr wieder die erste und beim dritten Kreisverkehr wieder die erste Ausfahrt nehmen in Richtung Lasberg. Nach der Ortschaft Lasberg weiter nach St. Oswald. In der Ortsmitte von St. Oswald rechts die Abzweigung zum Braunberg nehmen und den Hinweisschildern folgen.

Ausgangspunkt (AP): Kleiner Parkplatz bei der Braunberghütte.

Infos/Gaststätten: *Braunberghütte, Tel. 07945/7666, geöff. 1. April bis 31. Oktober, Ruhetag: Mo. *www.alpenverein-freistadt.at

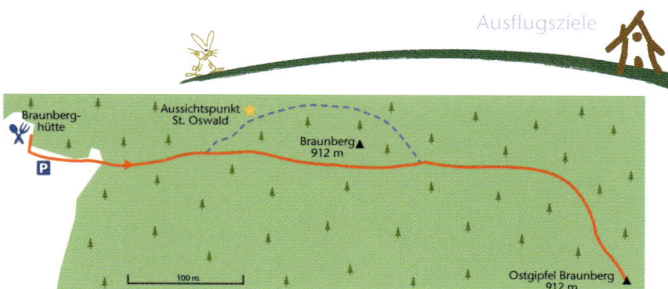

Beschreibung Braunberg:

Direkte Zufahrt zur Braunberghütte, Wegbeschreibung Ostgipfel siehe
Wanderwert für kleine Füße.

Beschreibung ab Reiterhof Rössl-Alm

(Gehzeit ca. 30 Min. eine Strecke, kinderwagentauglich)
Es ist auch möglich die Wanderung bereits beim unteren Parkplatz neben
dem Reiterhof Rössl-Alm zu starten. Von hier rechts bergab entlang einer
der Pferdekoppeln der asphaltierten Zufahrtsstraße folgen, bis rechts der
Forstweg zur Hütte abzweigt (Wegweiser). Dieser führt direkt zur Hütte.

43 Kriehmühle — berauschend

Wartberg/Aist: Landschaftsschutzgebiet Feldaisttal   sk, le, re

Berauschend im wahrsten Sinne des Wortes ist das Landschaftsschutz-gebiet Feldaisttal unterhalb von Wartberg an der Aist. Mit den großen Felsblöcken im Flussbett liegt einem ein typisches Mühlviertler Flusstal zu Füßen. Beim Gasthof zur Kriehmühle fließt die Feldaist oberhalb des kleinen Wasserfalls sehr ruhig und seicht dahin. Damit ergeben sich kleinkinderfreundliche Zugänge zum Wasser. Nicht nur an heißen Sommertagen ist dieser Ausflug sehr geeignet, auch an sonnigen Herbsttagen kann man bis in den späten Nachmittag die Sonnenstrahlen am Wasser sitzend/spielend genießen. Den nicht kinderwagengeeigneten, aber für Kinder kurzweiligen, schattigen Wanderweg am Fluss entlang, nach Pregarten, können wir als Wandertipp für kleine Füße bestens empfehlen.

Wetter: ●   Anforderung: 🟡   Gesamtdauer: 1 ½ h

Anforderung: Der Weg ist nicht kinderwagentauglich, direkte Zufahrt zum Gasthaus möglich.

Dauer: Direkte Zufahrt zum Gasthaus.

Wetter: Besonders geeignet für schönes Wetter, da es im Flusstal schnell kühl wird.

Wanderwert für (Geschwister-) Kinder:

2–3 Jahre: Kleinkindergeeignete Zugänge zum Wasser. Für längere Wegstrecke Trage mitnehmen.

4–6 Jahre: Siehe 2–3 Jahre. Abwechslungsreicher Wanderweg nach Pregarten (siehe Wandertipp für kleine Füße).

Kinderfahrrad: Nicht geeignet.

Wandertipp für kleine Füße: „Entlang der Feldaist nach Pregarten"

Dauer: Kriehmühle bis Pregarten: 4 km, ca. 1 ½ Std., jedoch frei wählbar.

Anford.: ● Leichtes Auf und Ab ohne große Steigungen, verwurzelter Waldweg, schattig.

Vom Parkplatz geht es hinunter zum Gasthaus, von dort weiter zur Feldaist. Nach einem kleinen Stück flussabwärts überquert man die Brücke und wandert dort flussaufwärts das untere Feldaisttal entlang. Der Wanderweg ist abwechslungsreich für Kinder, weil er immer nahe dem Fluss führt, und jederzeit Pausen zum Picknicken, Plantschen und Fische beobachten direkt am Fluss möglich sind. Der Weg führt dann wieder über eine Brücke auf das andere Flussufer. Entlang dieses Wegabschnittes gibt es einige Schautafeln zum Naturschutzgebiet und zu Sagen und Legenden aus dem unteren Feldaisttal, die sehr interessant und spannend für die Kinder sind. Der Weg führt an der Klausmühle vorbei und endet für ganz Fleißige im Ortsgebiet von Pregarten. Wählt selbst die Strecke und Dauer; jede noch so kurze Passage des Wanderweges ist lohnend!

Navi: 4231 Wartberg/Aist, Kriehmühlweg 1

Anfahrt: A7 Mühlkreisautobahn Richtung Freistadt, Abfahrt Unterweitersdorf-1, weiter auf der B 124 bis zur Abzweigung Pregarten/Wartberg an der Aist, auf der B 123 vorbei an Wartberg, ca. 0,5 km nach dem Ortsendeschild von Wartberg links in den Güterweg Kriehmühle abbiegen (Gasthaus beschildert, an der Ecke befindet sich auch ein Landmaschinenhändler).

Ausgangspunkt (AP): Gasthaus Kriehmühle.

Infos/Gaststätten: *Gasthaus Kriehmühle, Tel. 07236/6941, www.kriehmuehle.at, geöff. Mi–Fr ab 14 Uhr, Sa/So ab 10 Uhr. *Gasthaus/Kulturhaus Bruckmühle in Pregarten, Tel. 07236/20960, www.bruckmuehle.at, geöff. Mi - Sa 11-14 Uhr und ab 17 Uhr, So 10-18 Uhr (Okt.-Mrz. nur bis 16 Uhr), Ruhetage: Mo, Di.

Beschreibung Gasthaus Kriehmühle:

Das Gasthaus Kriehmühle liegt vorwiegend im Schatten. Der sonnige „Wasserspielplatz" liegt gegenüber dem Gasthaus am anderen Ufer. Badesachen nicht vergessen!

44 Gegend mit Weitblick

Mayrhoferberg und Garten der Geheimnisse

aw

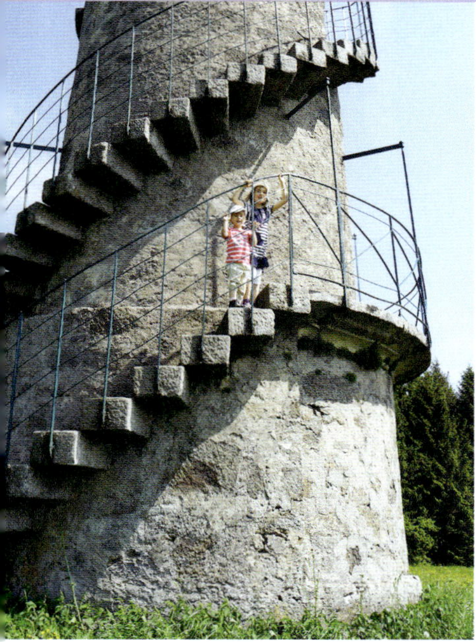

Die Aussichtswarte am Mayrhoferberg ist mit 655 m der höchste Punkt im Bezirk Eferding und dem entspricht auch die Aussicht. Vom ca. 500 m entfernten, schön gelegenen Mostheurigen kann man mit dem Kinderwagen bequem zur Aussichtswarte gehen. Im Winter gibt es zudem Rodel- und Langlaufmöglichkeiten. Der Mostheurige hat nur am Wochenende geöffnet (siehe Infos/Gaststätten).

Wetter: Anforderung: Gesamtdauer: ½ h

Anforderung: Leicht. Die letzten 20 m sind Wiesenweg.

Dauer: Vom Mostbauern bis zur Aussichtswarte: ca. 20 Min.

Wetter: Schönes Ausflugswetter. Ideal im Frühling und im Frühherbst, sowie bei Schneelage auch im Winter.

Wanderwert für (Geschwister-) Kinder:

2–3 Jahre: Kleiner Spielplatz beim Mostbauern, Rodelmöglich-keit bei Aussichtswarte.

4–6 Jahre: Siehe 2–3 Jahre. Eventuell Abstecher mit dem Auto zur in der Nähe gelegenen Ruine Schaunburg mit ihren Verliesen, Burgmauern und dem Aussichtsturm.

Kinderfahrrad: Nicht geeignet, aber die ersten 400m sind mit dem Roller schaffbar. Macht besonders beim Rückweg bergab Spaß.

Wandertipp für kleine Füße:

Die Distanz vom Mostbauern zur Aussichtswarte ist auch von kleinen Kindern bewältigbar.

Navi: 4074 Stroheim, Knieparz ob der Leiten 18

Anfahrt: B129 Richtung Eferding. Im Ortsgebiet Eferding links der Abzweigung nach Stroheim folgen. Durch Stroheim und Windischdorf durch. Kurz nach Windischdorf kommt rechts die Abzweigung zum Mayrhoferberg (Mostheuriger beschildert).

Ausgangspunkt (AP): Parkplatz beim Mostheurigen

Infos/Gaststätten: *Mostheuriger Fam. Hofer, Tel. 07272/6268, geöff. Feb.-Mai, Sept.–Okt. Sa/So ab 15 Uhr, Juni–Aug., So ab 16 Uhr, Nov.-Jan. geschlossen. *Direkt in Stroheim liegt der Stroheimer Hof mit nettem Innenhof, Tel. 07272/6217, geöff. Do–Sa 11–14 Uhr und 17–22 Uhr, So, Feiertag 10–15 Uhr, Ruhetage: Mo, Di, Mi. *„Garten der Geheimnisse" in Stroheim 13, Tel. 0650/4702717, Unkostenbeitrag € 4,–, Kinder unter 15 Jahren frei. www.garten-der-geheimnisse.at, kleines Café mit herrlicher Terrasse, geöffnet Di-So ab 11 Uhr, Mo Ruhetag.

Beschreibung „Garten der Geheimnisse" und Ruine Schaunburg:
Rund um Strohheim haben wir noch zwei besonders nette Plätze
entdeckt. Bei Strohheim gibt es den kleinen, aber feinen „Garten der
Geheimnisse" mit einem nett gelegenen Café (fällt unter Wanderwert für Mütter und Väter). Die Gartenanlage mit dem Teich ist einfach wunderbar und der Blick traumhaft. Ein Gefühl von Zeitlosigkeit
taucht beim Durchflanieren auf. Vom „Garten der Geheimnisse" kann
man mit dem Kinderwagen auf der kleinen Landesstraße zur 0,5 km
entfernten Landerlkapelle im Ortsteil Geisberg spazieren.

In der Nähe von Strohheim gibt es auch die Ruine Schaunburg (siehe
unter Wanderwert für Kinder). Diese und viele weitere Burgen und
Ruinen sind in unserem Fortsetzungs-
buch „Abenteuer Natur Oberösterreich"
beschrieben.

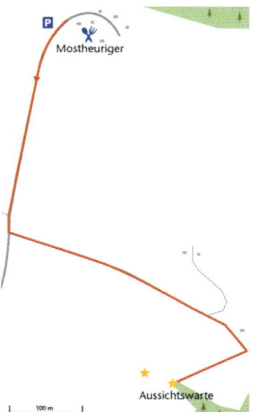

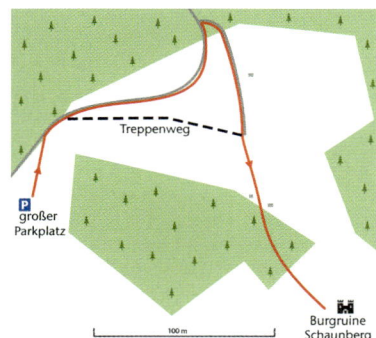

Dieser gemütliche Spazierweg liegt zwar nicht direkt an einem Gasthaus und ist landschaftlich weniger spektakulär, aber das Gebiet ist bestens geeignet für ein paar schöne Stunden im Freien. Im Frühjahr kommen Bärlauchbegeisterte voll auf ihre Kosten. Etwas abseits des Radweges liegt ein kleiner Teich, ein Laichgewässer für Amphibien.

Wetter: Anforderung: Gesamtdauer: ½ h

Anforderung:	Leicht, großteils asphaltiert. Eben. Teichumrundung: guter Wiesen- und Schotterweg.
Dauer:	Teichumrundung: ca. 30 min.
Wetter:	Ungeeignet bei heißem Wetter.

Wanderwert für (Geschwister-) Kinder:

2–3 Jahre:	Gut befahrbarer Radweg für Dreirad, Roller oder Laufrad. An der Donau Muscheln suchen oder Laichgewässer der Amphibien beobachten (März bis April). Wechselkleidung nicht vergessen.
4–6 Jahre:	Siehe 2–3 Jahre. Klassische Skater- und Radstrecke.
Kinderfahrrad:	Gut geeignet.

> **Wandertipp für kleine Füße:**
>
> Umrundung d. Teiches bestens für kleine Füße geeignet.

Navi: näheste Adresse: 4072 Alkoven, Gstocket 1

Anfahrt: B 129 Richtung Alkoven/Eferding, in Alkoven rechts Richtung Zentrum. Ca. 100 m nach dem Gasthaus Schrot vor dem „Bauernladen" (großes Schild am Haus bei der Gabelung) halb rechts abbiegen und der Radwegbeschilderung „R18 Eferdinger-Landl-Weg" folgen. Diesem folgen bis zur Kreuzung und dort rechts Richtung Donau-Radweg halten. Zuerst eine Doppelbrücke und dann eine einfache Brücke überqueren. Nach einer Rechtskurve befindet sich ein großer Parkplatz.

Ausgangspunkt (AP): P (Schild: „Letzte Parkmöglichkeit vor Donaudamm")

Infos/Gaststätten: *Keine Gaststätten am Weg jedoch in Alkoven: *Spitzwirt in Alkoven, Forst 27 (ab Hauptschule beschildert), Tel. 07274/7727, www.spitzwirtin.at, Mo, Di u. Fr ab 14 Uhr, Sa und So ab 11 Uhr geöff. Ruhetage: Mi, Do. *Landgasthaus Lehnerwirt, Alte Hauptstraße 9, Tel. 7274/6338, www.lehnerwirt.at, Ruhetage: Di, Mi. *In der Spargelsaison: Spargelverkauf beim Prägartnerhof, gute Beratung u. frischer Spargel (direkt am R18 gelegen – beschildert).

Wegbeschreibung Alkoven:

Bei dem Holzschuppen am Parkplatz den rechten Weg nehmen, dieser führt nach 100m zum kleinen Teich. Der Feld und Wiesenweg ist gut mit dem Kinderwagen befahrbar. Die Bärlauchvorkommen liegen an der Zufahrtsstraße zum Parkplatz. (Achtung! Sichergehen, dass sich keine giftigen Maiglöckchen daruntermischen.) Vom Parkplatz führt der asphaltierte Radweg direkt zur Donau. Hier befinden sich zwei Bänke, beliebte Rastplätze für Groß und Klein. Auf den kleinen Kiesbänken gibt es Donaumuscheln zum Finden. An der Donau entlang führt stromauf- und stromabwärts der Radweg weiter. Ideal auch zum Skaten.man mit dem Kinderwagen auf der kleinen Landesstraße zur 0,5 km entfernten Landerlkapelle im Ortsteil Geisberg spazieren.

Ruine Schaunburg: In der Nähe von Strohheim gibt es auch die Ruine Schaunburg. Diese und viele weitere Ruinen werden in unserem Fortsetzungsbuch „Abenteuer Natur" beschrieben.

46 Ausflugsgasthaus Fischer
Dörnbach: Lauschiger Gastgarten

Dörnbach ist eine kleine Gemeinde zwischen Linz und Wilhering. Warum Ausflugstipp? Weil im Prinzip an schönen Sommertagen der Besuch des Gasthofs Fischer mit eigener Brauerei alleine eine Fahrt nach Dörnbach wert ist. Denn so einen absolut lauschigen Gastgarten, mit nahezu integriertem Spielplatz, findet man selten.

Hinweis: Die kleine, von uns beschriebene Runde ist KEINE Wanderung. Sie wurde von uns zusammengestellt, um einen kleinen Verdauungsspaziergang zu ermöglichen.

Wetter: ◑	Anforderung:	Gesamtdauer: 1 h

Anforderung:	Leicht.
Dauer:	Zufahrt bis zum Ziel, RW: ca. 1 h; 3,5 km.
Wetter:	Der Besuch der Ausflugsgaststätte mit seinem schönen Spielplatz ist auch bei leichtem Nieselwetter (mit entsprechender Bekleidung) eine Option. Der Spazierweg eignet sich jedoch nur bei nicht zu heißem und trockenem Wetter.

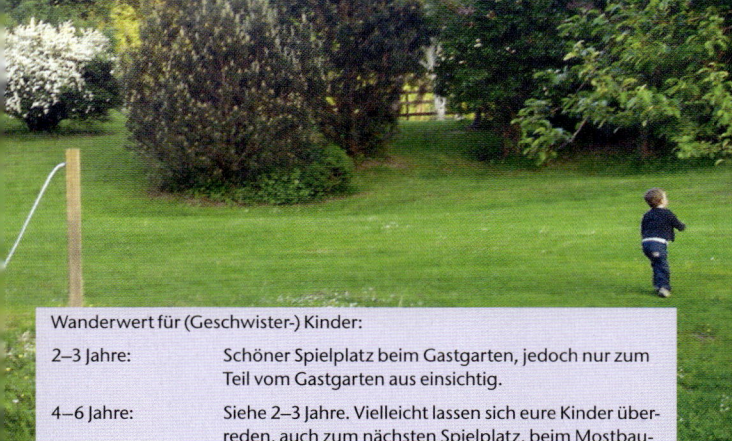

Wanderwert für (Geschwister-) Kinder:	
2–3 Jahre:	Schöner Spielplatz beim Gastgarten, jedoch nur zum Teil vom Gastgarten aus einsichtig.
4–6 Jahre:	Siehe 2–3 Jahre. Vielleicht lassen sich eure Kinder überreden, auch zum nächsten Spielplatz, beim Mostbauer Schneiderbauer, zu gehen. Nur samstags geöffnet.
Kinderfahrrad:	Nicht geeignet.

Navi: 4073 Dörnbach, Pfarrhofweg 2

Anfahrt: A7 Mühlkreisautobahn, Ausfahrt Leonding, Hinweisschilder Richtung Leonding, dann weiter Richtung Wilhering. Im Ortsgebiet von Hitzing beim Kreisverkehr dem Wegweiser Richtung Dörnbach folgen. Das Gasthaus Fischer (gelbes Haus) liegt direkt an der Straße.

Oder von Linz-Zentrum die B 129 Richtung Wilhering nehmen, nach Wilhering-Ufer links die Abzweigung nach Dörnbach nehmen, wählt man diese Anfahrtsalternative, liegt links der Straße das Gasthaus Fischer.

Ausgangspunkt (AP): Gasthof Fischer im Ortszentrum von Dörnbach, großer Parkplatz vorhanden.

Bus/Bahn: Direkte Busverbindung bis Hst. Hitzing. Bei der Hst. die Bundesstraße Richtung Dörnbach/Wilhering entlanggehen bis zum AP (15 Min Gehzeit).

Infos/Gaststätten: *Gasthof Fischer, sehr schönes Ausflugsgasthaus mit schattigem Gastgarten, eigener Brauerei und einem schönen, aber leider nur zum Teil vom Gastgarten einsehbaren Kinderspielplatz. Tel. 07221/88094, www.fischer-doernbach.at, geöffnet Mo–Do ab 17 Uhr, Sa+So ab 11 Uhr. *Mostbauer Schneiderbauer, Rufling 31, 4060 Leonding, großer schattiger Gastgarten mit Spielplatz, große Stube, besonders reichhaltiges Kuchen- und Jausenangebot. Tel: 0664/73612553, geöff. Sa 14-23 Uhr.

Spaziergang rund um das Ausflugsgasthaus:

Vom Parkplatz die wenigen Meter zurück auf die „Dörnbacher Straße". Nach links Richtung „Pasching, Rufling" abbiegen. Nach wenigen Gehminuten entlang der Hauptstraße biegt ihr kurz nach dem Ortsschild Hitzing, links beim grünen Schild „Bäckerei, Feinkost" auf den „Bäckerweg" ein. Dann dem Straßenverlauf vorbei an der Bäckerei folgen. Auf der Anhöhe links in den „Haslweg" einbiegen, der zu einem Feldweg wird; geradeaus bis zum „Trafohaus" und dann links auf den „Atriumweg" hinauf. Dort links abbiegen und dem Wegverlauf, vorbei am Waldkindergarten „Sonnenkinder" folgen. Nach der kleinen Siedlung bei der Wegkreuzung links in den „Leitergrabenweg" abbiegen. (Wer eine Stärkung braucht, geht bei dieser Wegkreuzung geradeaus zum bekannten Mostbauern „Schneiderbauer", ca. 5 Minuten von dieser Wegkreuzung. Dieser Abstecher lohnt sich nur an Samstagen!)

Bei der nächsten Weggabelung links abbiegen und die „Seerbergstraße" bis zur Weggabelung mit „Im Weideland" hinunterwandern. Dann dem Straßenverlauf „Im Weideland" vorbei an Kindergarten und Kaffeehaus folgen, so gelangt ihr direkt in den Gastgarten des Gasthofes Fischer.

In einem ca. drei Hektar großen Areal befinden sich Teiche, Tümpel und Feuchtwiesen mit vielen kleinen Tierchen. Kinder, die nicht mehr gerne im Wagerl sitzen, finden hier optimale Erkundungsmöglichkeiten. Die schönste Zeit für einen Besuch ist von Mitte Mai bis Anfang Juli. Dann zeigen sich die Blumenwiesen von ihrer schönsten Seite. Hervorzuheben ist auch die Vielfalt an Orchideenarten.

Wetter:	Anforderung:	Gesamtdauer: ¼ h

Anforderung:	Leicht, teils schmaler Schotterweg.
Dauer:	15 min im Schnelldurchlauf (500 m), wir haben mit unseren Kindern 2 Stunden wunderbare Beschäftigung gefunden.
Wetter:	Nicht zu heißes Wanderwetter, da wenig Schatten.

Wanderwert für (Geschwister-) Kinder:

2–3 Jahre:	Brunnen am Teich, zu sehen gibt es Enten, Fische, mit viel Glück eine Ringelnatter und, und, und...
4–6 Jahre:	Siehe 2–3 Jahre.
Kinderfahrrad:	Nicht geeignet.

Wandertipp für kleine Füße:

Aufgrund der Kürze des Lehrwanderwegs eignet sich dieser Weg absolut für kleine Füße zum Selbergehen.

Navi: 4563 Micheldorf, In der Krems 2.

Anfahrt: A1 Richtung Salzburg, beim Voralpenkreuz weiter auf der A9 Richtung Kirchdorf, Ausfahrt Kirchdorf Richtung Micheldorf, ca. 1 km nach der Kreuzung Micheldorf Mitte kommt rechts die Abzweigung zum Krems Ursprung und Himmelreichbiotop (gelbes Schild), der Beschilderung Himmelreichbiotop weiter folgen.

Ausgangspunkt (AP): Großer Parkplatz beim Himmelreichbiotop (auf der linken Seite der Anfahrtsstraße vor einer Polytechnischen Schule).

Infos/Gaststätten: *TV Micheldorf: Tel. 07582/63474, www.micheldorf.at. *Direkt beim Himmelreichbiotop gibt es keine Einkehrmöglichkeiten. *Ausflugsgasthof am Georgenberg (vom Himmelreichbiotop hat man einen schönen Blick auf den Georgenberg), Tel. 07582/64030, Ruhetage: Di, Mi, Do – allerdings begrenzte Parkmöglichkeiten direkt beim Gasthaus (Fahrweg beschildert ab Micheldorf – der Kreuzweg ist für Kinderwagenschieber/-innen ungeeignet). *Burgstüberl Burg Altpernstein, Altpernstein 34, Micheldorf, Tel. 07582/63535, bei Drucklegung in Umbauphase, daher nur Probebetrieb bei warmem, niederschlagsfreiem Wetter bis Ende **Okt.** geöff. am Sa und So bis max. 17 Uhr, Terrasse **mit** schöner Aussicht. *Weitere Gasthäuser im Ort **Micheldorf** vorhanden.

Wegbeschreibung Himmelreichbiotop:

Vom ca. 100 m entfernten Parkplatz geht man nur wenige Schritte zum Biotop-Areal. Zwei Schautafeln informieren die Besucher über die Fauna und Flora des Himmelreichbiotopes. Ein alter Lindenstamm markiert den Eingang zum Lehr- und Wanderweg. Der Hauptweg führt von Teich zu Teich und ist mit Schautafeln, Rast- und Aussichtsplätzen ausgestattet.

Was ist FAIRTRADE?

FAIRTRADE ist ein Verein zur Förderung des FAIREN Handels mit dem Süden. Nur wer sich an die strengen Auflagen hält, darf das FAIRTRADE-Siegel verwenden. Mitglieder des Vereins sind u.a.: Caritas, Katholische Jugendschaft, Evangelische Jugend, Grüne Bildungswerkstatt, Österr. Hochschülerschaft, PfadfinderInnen Österreichs, WWF-World Wide Fund for Nature und viele mehr.

WOFÜR STEHT DIESES FAIRTRADE-SIEGEL?

Direkter Handel mit den ProduzentInnen und KleinbäuerInnen unter Ausschaltung der lokalen Zwischenhändler

Dadurch FAIRE Preise für die ProduzentInnen & kontrollierter Warenfluss nach Europa

Prämie für soziale & ökologische Entwicklung

Gesetzliche Mindestlöhne & arbeitsrechtliche Mindeststandards

Verbot von Kinderarbeit und sklavenähnlicher Zwangsarbeit

Naturnahe & nachhaltige Anbaumethoden sowie

Schutz des Regenwaldes

Schutz natürlicher Gewässer & des Trinkwassers

Fairtrade
W.: www.fairtrade.net
W.: www.fairtrade.de
W.: www.fairtrade.at

Die Stadtwanderungen Linz im Überblic

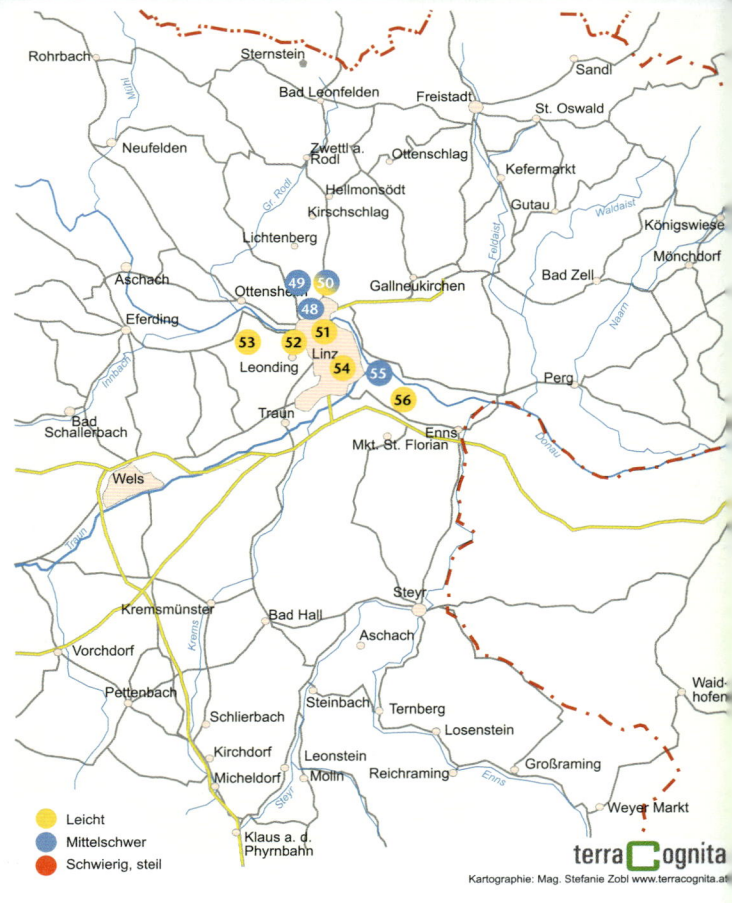

Rohrbach

Mühl

Sternstein

Bad Leonfelden

Freistadt

Sandl

St. Oswald

Neufelden

Zwettl a. Rodl

Gr. Rodl

Ottenschlag

Kefermarkt

Hellmonsödt

Gutau

Kirchschlag

Waldaist

Feldaist

Königswiese

Lichtenberg

Mönchdorf

Aschach

49 50

Ottensheim

48

Gallneukirchen

Bad Zell

Eferding

51

53 52

Linz

Naarn

Leonding

54 55

Perg

Irrbach

Traun

56

Donau

Bad Schallerbach

Enns

Mkt. St. Florian

Wels

Traun

Steyr

Kremsmünster

Krems

Bad Hall

Vorchdorf

Aschach

Pettenbach

Waidhofen

Steinbach

Ternberg

Losenstein

Schlierbach

Enns

Kirchdorf

Leonstein

Großraming

Micheldorf

Molln

Reichraming

Steyr

Weyer Markt

Klaus a. d. Phyrnbahn

Leicht

Mittelschwer

Schwierig, steil

terraCognita

Kartographie: Mag. Stefanie Zobl www.terracognita.at

VI. Linz & Umlandgemeinden

Wandertipps für alle Jahreszeiten und für kleine Füße

Hier findest du eine Übersicht über bekannte und vielleicht unbekannte Wege
• zum Flanieren, Baden, Eislaufen, Spielen
• oder einfach nur zum Ideen holen.

Wandertipps, schöne Wege und bissl was über uns auf
facebook unter: **wandaverlag**

Der Berghof, höchster Punkt dieser Rundtour am Pöstlingberg, war früher einer der beliebtesten Mostbauern in Linz. Die Ausschank ist mittlerweile geschlossen, die Wanderung auf dieser Seite des Linzer Hausberges aber nach wie vor lohnend. Einerseits kann man den Panoramablick über die Stadt hier in aller Ruhe genießen – anders als auf dem viel frequentierten Schablederweg oder dem Kreuzweg. Andererseits tummelt sich rund um den Berghof eine große Schar von Nutztieren, die man vom Weg aus schön beobachten kann.

Wetter:		Anforderung:	Gesamtdauer: 1 h

Anforderung:	Mittel, der Weg führt stetig bergauf; Teile der Strecke Schotter-, Karren- oder Wiesenweg. Der Weg ist mit Kinderwagen zu steil.
Dauer:	RW: 1 h; 3 km.
Wetter:	Trockenes Wanderwetter, auch für warme Tage geeignet, da die Hälfte des Weges im Schatten liegt.

Wanderwert für (Geschwister-) Kinder:	
2–3 Jahre:	Bauernhof mit vielen Tieren (Pferde, Kühe, Schafe, Ziegen, Schweine, Gänse, Katzen, Hunde), die von der Strecke gut aus zu beobachten sind.
4–6 Jahre:	Siehe unter 2–3 Jahre.
Kinderfahrrad:	Nicht geeignet.

Navi: Dießenleitenweg 35

Anfahrt: A7, Ausfahrt Linz Urfahr, weiter Richtung Bad Leonfelden, in der Leonfeldner-straße bei der ersten Ampel links in die Keplerstraße abbiegen, dann links auf die Harbachstraße und in Folge auf den Bachlbergweg fahren; diesem bis Straßenkreuzung Dießenleitenweg folgen.

Ausgangspunkt (AP): Straßenkreuzung Bachlbergweg/Dießenleitenweg (rund 100m vor Dießenleitenweg 35), wenige Parkmöglichkeiten entlang der Straße.

Bus/Bahn: Straßenbahn bis Hst. Harbach, dort umsteigen in Stadtteilbus Linie 102 bis Hst. Teistlergutstraße, von dort den Dießenleitenweg bis zum AP gehen.

Infos/Gaststätten: *Gasthaus „Wia z'Haus Lehner", an der Anfahrtsstraße (Harbach-straße 38) gelegen, sehr gute regionale Küche, netter Gastgarten mit großem, integrierten Spielplatz und kleinem Teich, www.wiazhaus-lehner.at, Tel.: 0732/730510, geöffnet Di–So ab 11 Uhr.

Auch, wenn der Berghof geschlossen hat, ist es eine nette Wanderung!

Wegbeschreibung:
Von der Straßenkreuzung Bachlbergweg/Dießenleitenweg den wenig befahrenen Dießenleitenweg hinaufwandern. Kurz nach Hausnummer 98 links in den Hochholdweg abbiegen. Der steile Schotterweg führt stetig bergauf zu einem Bauernhaus. An diesem hält man sich rechts. Der Schotterweg wird zu einem Wiesen- bzw. Karrenweg, der an Rebstöcken vorbei zum Berghof führt. Man umrundet den Hof, auf der anderen Seite führt eine Schotterstraße steil bergab in den Wald. An der asphaltierten Straße angelangt, hält man sich rechts und folgt dem Dießenleitenweg wieder zurück zum AP. Achtung: Dieser verläuft an der nächsten Kreuzung nach rechts weiter (nicht geradeaus in den Büchlholzweg gehen)!

Mal schnell zu einem Bach- und Walderlebnis zu kommen ist in Linz gut möglich. Die original Bachlbergrunde am Stadtwanderweg 3 ist sehr lang und verläuft auf vielen Asphaltstraßen. Wir erforschen lieber den wilden Schluchtwald entlang des Dießenleitenbachs, pritscheln, schmeißen Steine in den Bach und genießen die Natur in der Stadt. Die hier beschriebene Runde führt im ersten Teil den Bach entlang, durch den Wald und dann über wunderschöne Wiesen mit tollem Blick über Linz, was für die Kinder oft weniger spannend ist als für die Eltern. Je nach Motivation kann man daher auch einfach wieder entlang des Baches zurückgehen und auf die Aussicht verzichten.

Wetter:	Anforderung:	Gesamtdauer: 2 ½ h

Anforderung:	Mittel; 121 Hm, Wald- und Auwege, am Ende auch Asphalt.
Dauer:	RW: 2 ½ h; 3 km.
Wetter:	Jedes Wanderwetter, nach starkem Regen aber ziemlich gatschig.

Wanderwert für (Geschwister-) Kinder:	
2–3 Jahre:	Pritschelstellen am Anfang des Weges. Wechselkleidung nicht vergessen! Da die gesamte Runde zu lang ist, evtl. Kinderwagen oder Trage mitnehmen oder nur den Bach entlang und wieder zurück gehen.
4–6 Jahre::	Siehe oben. Von der Kapelle aus können Linzer Kinder vielleicht bekannte Gebäude erkennen?
Kinderfahrrad:	Nicht geeignet.

Navi: 4040 Linz, Bachlbergweg 65.

Anfahrt: A7 Abfahrt Linz-Urfahr, links halten Richtung Bad Leonfelden, bei der ersten Kreuzung links abbiegen (Wia z'haus Lehner), gleich wieder links und dann rechts in die Harbacher Straße. Kurz vor'm "Lehner" rechts in den Schiefersederweg und links in den Bachlbergweg. Nach der Kurve entlang der Straße einen Parkplatz suchen.

Bus/Bahn: Stadtteilbus 102, Hst. Bachlbergweg.

Ausgangspunkt/P: Abzweigung zum Haus Bachlbergweg 65.

Infos/Gaststätten: *Wia z'haus Lehner, Hausmannskost und saisonale Schmankerl, mit Gastgarten und Kinderspielplatz, Tel. 0732 730510, www.wiazhaus-lehner.at, Ruhetag: Mo.

Wegbeschreibung: Die Abzweigung zu den Häusern Nr. 61-65 nehmen, an diesen vorbei und weiter bergab in den Wald gehen. Ab hier bachaufwärts dem Wegerl folgen und immer auf der rechten Seite des Bachs bleiben. Am Anfang gibt es hier gute Pritschelstellen – diese werden im Laufe des Weges aber schnell weniger. Nach dem Haus Dießenleitenweg 166 geht's rechts eine Schotterstraße entlang den Berg hinauf. Am Ende des Bergs rechts dem Weg „Stadtwanderweg 3" folgen. Weiter geht's durch den Wald und über eine Wiese mit tollem Blick über Linz. Auf der Straße rechts bis zur Kapelle mit kleinem Rastbankerl und ebenfalls guter Aussicht. Hier das Wegerl am Zaun entlang hinuntergehen. Ab jetzt geht's nur noch auf Asphaltstraßen und teils steil bergab: Erst links in den Worathweg, dann rechts, geradeaus und links wieder in den Bachlbergweg bis zum AP.

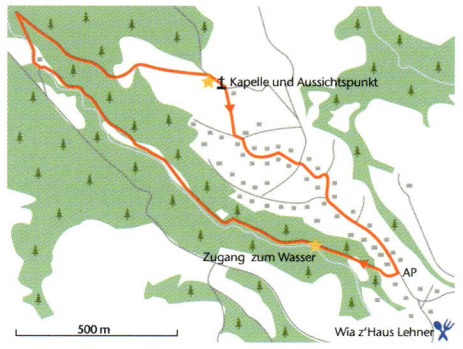

Dieser Teil der Pferde-eisenbahn-Trasse bietet Kindern die Möglichkeit, in Stadtnähe Landluft zu schnuppern. Es gibt Viadukte und Brücken, kleine Bachläufe ergeben wunderbare Spielmöglichkeiten. Im Schutz der Bäume kann man auch bei leichtem Regenwetter gut wandern. Der zweite Teil der Strecke liegt in der Sonne und führt an Hühner- und Gänsegehegen sowie an Rinderweiden vorbei. Er ist asphaltiert und beinhaltet einige Steigungen. Wer diese meiden will, wählt einfach den gleichen Hin- wie Rückweg.

Wetter: Anforderung: Gesamtdauer: 1 ½ h

Anforderung: Erster Teil leicht und fast bretteleben, gepflegter, feiner Schotterweg, der zweite Teil der Strecke beinhaltet mäßige und steilere Passagen und ist durchgehend asphaltiert.

Dauer:	Hin und Retour: ca. 1 ½ h.
Wetter:	Bei fast jedem Wetter; bei Regen und Hitze nur 1. Teil empfehlenswert.

Wanderwert für (Geschwister-) Kinder:

2–3 Jahre:	Kleine Teilausschnitte wählen, z.B. bis zum kleinen Park mit Spielplatz, gesamter Weg ist zu lange. Die kleinen Bachläufe laden zum Pritscheln ein. Wechselkleidung nicht vergessen!
4–6 Jahre:	Siehe unter 2–3 Jahre.
Kinderfahrrad:	Bei gleichem Hin- wie Rückweg kann der Abschnitt auf der Pferdebahnpromenade, der schön im Schatten liegt, gut mit einem Kinderfahrrad befahren werden. Für Erwachsene besteht Radfahrverbot. Der gesamte Rundweg ist nicht kindertauglich, da es auf der 2. Etappe (asphaltierte Straße) doch teilweise sehr steil bergab geht.

Navi: 4020 Linz, Magdalenastr. 50

Anfahrt: A 7 Mühlkreisautobahn, Abfahrt Linz-Urfahr, rechts halten Richtung St. Magdalena, vor der Tankstelle links in die Pulvermühlstraße einbiegen, bei Ampel geradeaus weiter und dann rechts Richtung St. Magdalena abbiegen, Schild zum Gasthaus Oberwirt folgen und in der Nähe des Ghf. parken.

Ausgangspunkt (AP): Entlang der Straße nahe Gasthaus Oberwirt.

Bus/Bahn: Mit der Straßenbahn bis Hst. St. Magdalena (zum Ausgangspunkt der Wanderung ca. 10–15 Min. Gehzeit die Anfahrtsstraße hinauf)

Infos/Gaststätten: Nähere Infos zu Geschichte, Etappen etc. unter www.pferdeeisenbahn.at oder www.linz.at oder unter den einschlägig bekannten Suchmaschinen. *Gasthaus Oberwirt, Magdalenastr. 50, Tel.: 0732-273332, geöff. Mi-Fr ab 14 Uhr, Sa ab 11 Uhr, So ab 9 Uhr, Ruhetag Mo, Di. *Mostbauer Schatz, Schatzweg 50, Tel.: 0732/246015, Mo, Di ab 15 Uhr von Mai bis September.

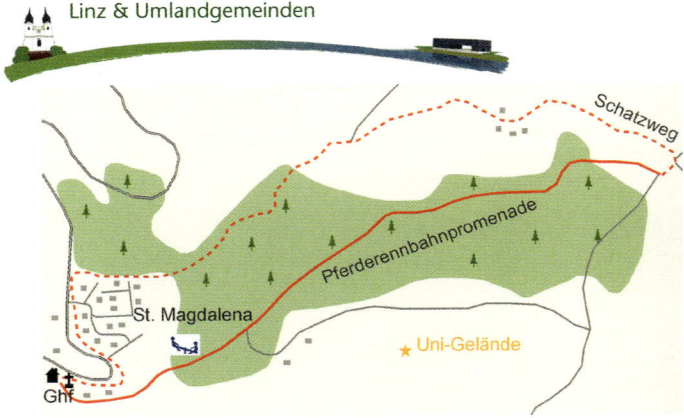

Wegbeschreibung Pferdebahnpromenade

Erster Teil: Direkt neben dem kleinen Gastgarten/Terrasse des Gasthauses Oberwirt zweigt der Weg zur Pferdebahnpromenade ab (gut beschildert). Nun geht's unterhalb der Kirche St. Magdalena vorbei und geradeaus weiter. Bald darauf folgt eine nette kleine Lichtung mit Bankerl und einem kleinen Spielplatz. Ein Denkmal erinnert an die Zeit der Pferdeeisenbahn. Zwei Marterl weiter mündet der Weg in einen gepflegten Schotterweg. Ab hier gilt Radfahrverbot und Tafeln beschreiben Wissenswertes über heimische Vögel. Wenn man aus dem Wald herauskommt, beginnt der für heiße Sommertage eher ungeeignete Weg – wer der Sonne oder dem Regen entgehen will, kehrt hier einfach um.

Zweiter Teil: Für Fortsetzungswillige wird der Weg nun für einige Minuten sehr schmal – zwei einander entgegenkommende KinderwagenschieberInnen müssten sich auf eine Ausweiche einigen, aber bald darauf erreicht man die Abzweigung. Links abbiegen (Schild Engerwitzdorf), einige Meter dem Schotterweg folgen und dann wieder links die asphaltierte Straße leicht bergauf retour. Dieser Straße (Schatzweg) bis zum Ende folgen und dann links die Oberbairinger Straße ziemlich steil hinunter bis zum AP.

51 Vom Lentos zum Winterhafen
Linz: Viel zu entdecken

nö

Der Spaziergang entlang der Donau ist abwechslungsreich und auch im Winter aufgrund des geräumten Weges gut geeignet. Der Donaupark bietet mit seinen Kunstobjekten, dem Lentos und dem Brucknerhaus für die Großen Interessantes.

Und für die Kleinen gibt es einen Spielplatz und die großen Schiffe zu beobachten. Die Strecke ist auch eine beliebte Jogging-, Skater- und Hundeausführstrecke (Freilaufzone ab der Vöest-Brücke stromabwärts). Allen, die von außerhalb der Stadt kommen oder mit dem Auto anreisen, sei der umgekehrte Wegverlauf empfohlen. Beim Winterhafen gibt es nämlich einen gratis Parkplatz.

Wetter: Anforderung: Gesamtdauer: 1 h

Anforderung: Leicht, da asphaltierter, ebener Weg.
Dauer: Eine Strecke: ca. 30 min.
Wetter: Geeignet für jedes Wetter. Kein Schatten. Ideal auch im Winter, da geräumt. Bei Regen und Schneefall gibt es Unterstellmöglichkeiten entlang der Strecke!

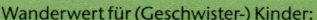

Wanderwert für (Geschwister-) Kinder:	
2–3 Jahre:	Abwechslungsreicher Spielplatz mit Babyschaukel, Vögel- und Hundebeobachtungen, kein Verkehr, daher jede Menge Laufmöglichkeiten.
4–6 Jahre:	Abwechslungsreicher Spielplatz mit Angeboten auch für die größeren Kleinen, Lauf-, Roller- und Laufradmöglichkeiten, Schiffsverkehr auf der Donau.
Kinderfahrrad:	Gut geeignet. Teils viel Fußgängerverkehr und je nach Streckenwahl Schotterweg.

Navi: 4020 Linz, Am Winterhafen 27

Anfahrt: Zu empfehlen sind die öffentlichen Verkehrsmittel und zwar mit der Straßenbahn bis zum Hauptplatz. Umgekehrter Wegverlauf bei Anfahrt mit Auto: A7; Ausfahrt Linz-Hafenstraße, dann links und die erste Möglichkeit wieder links, rechts in die Straße am Hafenbecken entlang einbiegen, großer kostenloser Parkplatz vor dem Tennisplatz. Vom Tennisplatz dann dem Hafenbecken entlang zur Donau. (Im Zentrum gibt es gebührenpflichtige Parkplätze in der Tiefgarage vom Lentos.)

Ausgangspunkt (AP): AP für die beschriebene Runde ist das Lentos. AP für Autofahrerinnen ist der kostenlose Parkplatz beim Tennisplatz/Hafenbecken.

Bus/Bahn: Mit der Straßenbahn bis Hst. Hauptplatz.

Infos/Gaststätten: *Kunstmuseum Lentos, Tel. 0732/7070 3600, www.lentos.at, Ruhetag: Mo. *Lentos Café-Restaurant-Bar, schöne Terrasse mit traumhaftem Blick auf die Donau und herrlicher Abendsonne im Sommer, Tel. 0732/784242, www.lentos-gastro.net, geöff. tägl. *Café/Restaurant Uferei im Arcotel Nike, Tel. 0732/7626-1276, www.uferei.at, geöff. tägl. *Café/Restaurant Donauwelle im Trans World Hotel Donauwelle Linz, Tel. 0732/7899-0, geöff. täglich, jeweils schöne Terrasse.

Wegbeschreibung „Vom Lentos zum Winterhafen":

Vom Kunstmuseum Lentos auf der Ernst-Koref-Promenade Richtung Brucknerhaus gehen. Vorbei am Brucknerhaus, dem Arcotel und dem Musikpavillon erreicht man den Kinderspielplatz. Kurz danach führt links eine Schrägrampe zum Weg direkt an der Donau. Diese nehmen. Nach der Eisenbahnbrücke gibt es zwei Wahlmöglichkeiten: Im Winter

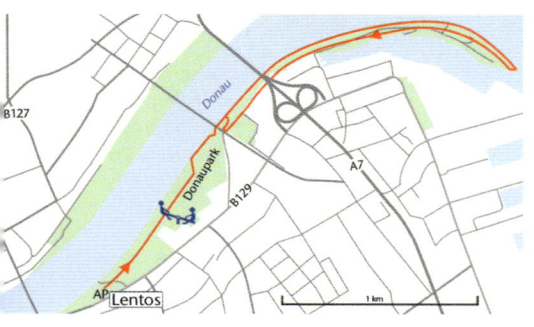

ist empfohlen, gleich nach der Eisenbahnbrücke rechts die Auffahrt zum oberen Weg zu nehmen, da dieser bis zum Winterhafen asphaltiert ist. An schneefreien und trockenen Tagen kann man aber auf dem unteren Weg bleiben, der nach einer Weile in einen gut mit dem Kinderwagen zu befahrenen Schotterweg mündet. Beide Wege führen zum Winterhafen, in dem immer wieder große Schiffe vor Anker liegen. (Am Ende der Landzunge einfach um die Kurve gehen).

52 Freinberg-Sonnenpromenade

Leonding

Es gibt sie, diese schönen Sonnentage im Herbst oder in den Wintermo-
naten — auch in Linz! Darum sollte man so einen Tag gleich für einen
schönen Spaziergang nutzen. Die Freinberg-Sonnenpromenade eignet
sich optimal für Nachmittagsspaziergänge. Selbst an kurzen Wintertagen
scheint die Sonne bis in den späten Nachmittag hinein.

Wetter:	Anforderung:	Gesamtdauer: 1 ½ h

Anforderung:	Leicht, die gesamte Wanderung führt über schwach befahrene Straßen und Spazierwege.
Dauer:	RW: ca. 1 h, verlängerte Variante 1 ½ h.
Wetter:	Bei jedem Wetter, auch im Winter.

Wanderwert für (Geschwister-) Kinder:

2–3 Jahre:	Nur mit dem Kinderwagen und z.B. nur bis zur Sonnenpromenade, Höhe Sternwarte. Schöne Wiese zum Picknicken beim „Steinbruch". Im Winter netter Rodelhang bei der Sternwarte. Schöner Kinderspielplatz beim Ghf. Niederberger.
4–6 Jahre:	Siehe unter 2–3 Jahre.
Kinderfahrrad:	Nicht geeignet.

Navi: 4060 Leonding, Holzheim 5

Anfahrt: A7 Mühlkreisautobahn, Ausfahrt Zentrum, Leonding. Weiter Richtung Zentrum. Erste Ampel nach links auf die Kudlichstraße. Nächste Ampel wieder links auf die Regerstraße. Bei der nächsten Ampel geradeaus, die „Leondingerstraße" überqueren und die Holzheimerstraße weiterfahren. Nach den Sportplätzen rechts abbiegen, ab dort dem Hinweisschild Ghf. Niederberger folgen.

Ausgangspunkt (AP): Parkplatz beim Gasthof Niederberger, ausreichend Parkmöglichkeiten vorhanden.

Bus/Bahn: Direkte Busverbindung bis Hst Sonnhof.

Infos/Gasstätten: *Ghf. Niederberger, Holzheim 5, 4060 Leonding, großer Gastgarten und schöner Kinderspielplatz, Tel. 0732/771407, www.niederberger-gasthaus.at, Mi–Sa ab 10 Uhr, So 10–15 Uhr, Ruhetage: Mo + Di, Feiertag.

Wegbeschreibung Freinberg-Sonnenpromenade:

Vom Parkplatz das letzte Stück der Anfahrtsstraße bis zur ersten Wegkreuzung zurückgehen. Man überquert diese und geht geradeaus den Helmhartweg weiter (die Hinweistafel Sackgasse gilt nur für Fahrzeuge). Dann rechts in den Heumaderweg einbiegen und diesem bis ans Ende folgen. Dort links abbiegen und den Kürnbergerweg weiter gehen. Beim Pflegeheim „Haus der Barmherzigkeit" rechts auf die Sonnenpromenade (Wegschild direkt bei der Kreuzung) einbiegen und diese entlang spa-

zieren. Bei der Wegtafel „Maximilianweg" nach links abzweigen und dem Weg – zuerst Maximilianweg und dann Bancalariweg – folgen. Am Ende des Parks angelangt, ist die größte Steigung der Wanderung geschafft. Wer hier Pause machen möchte, geht am besten den Maximilianweg ca. 50m nach rechts. Dort befindet sich eine Aussichtsplattform mit zahlreichen Sitzmöglichkeiten und einer buddhistischen Stupa. Die Wanderung führt in der Folge am Parkplatz beim Sender und beim Gasthaus Wienerwald vorbei. Bei der Wegkreuzung links bergab den Kürnbergerweg nehmen (Achtung: sehr steil – Fangriemen beim Kinderwagen verwenden!). Ab der Wegkreuzung Sonnenpromenade ist der Weg bekannt und man wandert durch die Siedlung wieder zurück zum Ausgangspunkt.

Verlängerung: Wer die Wanderung ausdehnen möchte, wandert beim Parkplatz zur Hauptstraße (Freinbergstr.), diese entlang bis zum Jägermayrhof. Dann weiter auf einem der Spazierwege Richtung Freinberggipfel. Den Gipfel erreicht man barrierefrei, er liegt aber im Wald – Die schöne Aussicht hat man nur, wenn man den Kinderwagen stehen lässt und die 100 Stufen in der Warte hinaufschnauft.

176   wandaverlag.at

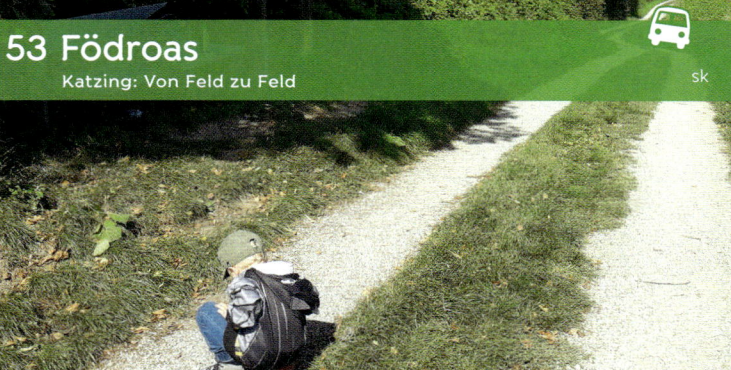

Die Katzinger Runde der Födroas ist etwas netter als die Dörnbacher Runde, weil sie fast nur über Wiesenwege führt. Es ist ein kleiner Spaziergang wenn man einmal schnell aus Linz heraus möchte, aber natürlich kann es landschaftlich nicht mit Gipfeltouren mithalten. Der Themenweg führt an Info-Tafeln mit Wissenswertem rund um die Landwirtschaft vorbei. Kleine Highlights sind das fast lebensgroße Pony aus Holz, bei dem Kinder aufsitzen dürfen und für Erwachsene der Holzofen mit Rezepttafel, siehe Infos. Im Herbst sind einige Felder mit Kürbissen übersät.

Wetter:	Anforderung:	Gesamtdauer: 2 h

Anforderung:	Leicht; 150 Hm; leichte bis mittlere Steigung; vorwiegend Wiesen- und Schotterwege. Rundweg ist mit geländegängigem Kinderwagen befahrbar.
Dauer:	RW 2 h; 4,5 km.
Wetter:	Schönes nicht zu heißes Wanderwetter, entlang des Weges kein Schatten, am besten im Frühjahr und Herbst.

Wanderwert für (Geschwister-) Kinder:	
Kindergarten-kinder:	Für gehfreudige Kinder gut geeignet. Mit Laufrad geeignet.
Volksschulkinder:	Super geeignet.
Ab 10 Jahren:	Eventuell schon zu fad.

Navi: Parkplatz in Katzing beim Sportplatz Union Mühlbach (48.294226, 14.194337).

Anfahrt: Von A1 über Ausfahrt 175 auf B139. Auf Dörnbacher Straße weiter bis Katzing. Parkplatz direkt bei der Kreuzung zur Katzinger Straße.

Bus/Bahn: Hst. Katzing b. Wilhering Sportplatz.

Ausgangspunkt/P: Wanderinfoschild beim Parkplatz.

Infos/Gaststätten: *Keine Gaststätten entlang des Weges, Proviant einpacken. Beim Stadlerhof Möglichkeit beim Brotbacken dabei zu sein, Infos unter Stadlerhof, Tel. 0676 5064564, www.stadlerhof-wilhering.at.

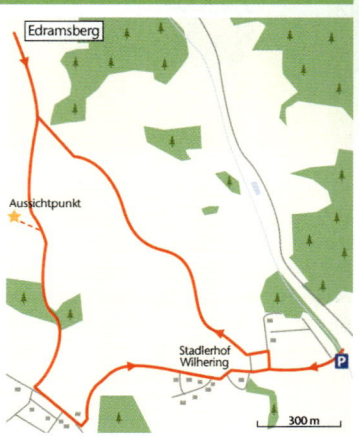

Wegbeschreibung Födroas:

Der Weg war bei Drucklegung noch nicht ausgeschildert, deshalb hier eine genauere Beschreibung. Vom Parkplatz aus geht es bergauf in Richtung Stadlerhof. An diesem rechts vorbei und bei der Aktivstation Brotbacken links bergauf zum Wiesenweg. Auf dem Wiesenweg immer geradeaus bis Edramsberg. Hier umdrehen und zurück bis zur Kreuzung gehen. Den rechten Weg nehmen und diesem geradeaus bis zur Zufahrtsstraße folgen. Nach links bergauf wandern und bei der Abzweigung oberhalb der Bushaltestelle nach links. Nun geradeaus bergab bis zum Ausgangspunkt.

Im Süden von Linz liegt das Erholungsgebiet Kleinmünchen. Das als Wasserwald bekannte Areal ist mit seinem schön angelegten Rundweg im Schutz von Bäumen auch bei Regenwetter und im Winter eine gute Alternative. Der Wasserwald ist aber auch eine Freilauffläche für Hunde. Begegnungen zwischen Hund und Kind sind daher nicht ausgeschlossen.

Wetter: Anforderung: 🟡   Gesamtdauer: ¾ h

Anforderung: Leicht (schöner Schotterweg).

Dauer: RW: ½−¾ h; 2,1 km.

Wetter: Geeignet für jedes Wetter. Schlittenhügel.

Wanderwert für (Geschwister-) Kinder:

2–3 Jahre: Es gibt zwei durch Sträucher geschützte Kinderspielplätze. Ungefähr nach der Hälfte der Strecke gibt es einen Schlittenhügel.

4–6 Jahre: Siehe unter 2–3 Jahre.

Kinderfahrrad: Geeignet.

Navi: 4020 Linz, Angerholzerweg 38

Anfahrt: A7 Richtung Freistadt, Abfahrt Salzburger Straße, bei der ersten Ampel links und zum parallel zur Salzburger Straße laufenden Angerholzerweg einbiegen. Wegschild Bratwurstglöckerl folgen.

Ausgangspunkt (AP): Entweder Parkplatz am Langen Zaun (nach Autobahnausfahrt gleich rechts die Einfahrt in die Straße „Am Langen Zaun", ausreichend Parkmöglichkeiten und direkt beim Rundweg) oder beim Gasthaus Bratwurstglöckerl (bei Einkehr).

Bus/Bahn: Mit der Straßenbahn bis Hst. Neue Welt. Entlang der Salzburger Straße gehen und dann rechts in den Angerholzerweg einbiegen (Gehzeit ca. 15 Min.).

Infos/Gaststätten: *Bratwurstglöckerl, großer eingezäunter Gastgarten, Tel. 0732/342024, www.bratwurstgloeckerl.at, geöff. Di–So ab 11 Uhr.

Wegbeschreibung Wasserwald:

AP Bratwurstglöckerl (falls man einkehren will): Vom Gasthaus dem Angerholzerweg entlang des Feldes bis zur Ampel über die Salzburger Straße folgen. Diese überqueren und geradeaus weiter in die Purschkastraße. Nach ca. 500 m rechts in die Brunnenfeldstraße einbiegen. Nach wenigen Metern vor den Einfamilienhäusern links in den Feldweg. Dieser führt zum RW Wasserwald.

AP Parkplatz Am Langen Zaun: Der Beschilderung zum RW (Laufstrecke) folgen. Die Entscheidung welche Richtung nun eingeschlagen wird, hängt unserer Meinung davon ab, ob man den Spielplatz eher zu Beginn des RW oder eher am Schluss passieren will. Links ist die kürzere Distanz zum Spielplatz.

55 Am Großen Weikerlsee

Linz: Kinderwagenroute & Tragetour am Donauauen-Rundweg

br

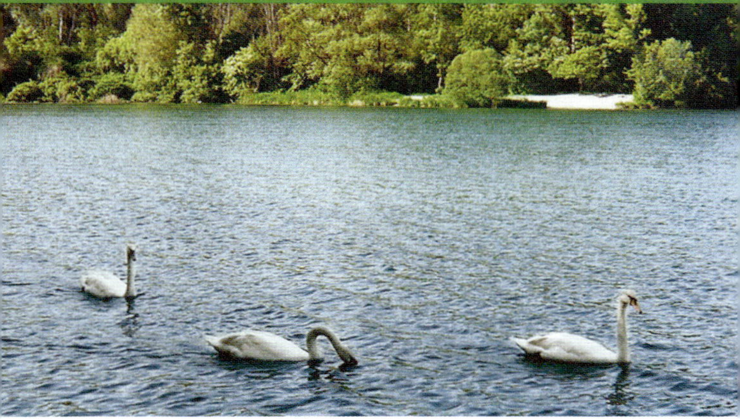

Im Südosten von Linz befinden sich der Kleine und der Große Weikerlsee, letzterer ist Teil des Naturschutzgebietes Traun-Donau-Auen. Im Sommer verbreitet der dichte, wuchernde Auwald eine urwaldähnliche Stimmung. Achtung: Mücken. Zu Frühlingsbeginn ist der Wald noch sehr licht und bei windigem Wetter kann man gut geschützt die ersten Sonnenstrahlen genießen und Bärlauch plücken.

Wetter: Anforderung: Gesamtdauer: 1 h

Anforderung:	Für Hin- und Rückweg: Mittel. Der Rundweg ist nur mit Trage möglich.
Dauer:	Kinderwagenstrecke: nach Belieben Donauauen-Rundweg: 1 h; 2,2 km.
Wetter:	Von bewölktem bis schönem Wetter. Der Kleine Weikerlsee ist ein Badesee.

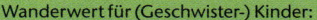

Wanderwert für (Geschwister-) Kinder:

2–3 Jahre:	Enten-, Schwäne- und Schneckenbeobachtungen, Steine ins Wasser werfen, Baden am Kleinen Weikerlsee (liegt nicht direkt auf der Strecke), netter Wasserspielplatz beim Areal rund um die solarCity.
4–6 Jahre:	Siehe unter 2–3 Jahre.
Kinderfahrrad:	Für Rundweg: Nicht geeignet. Für Hin- und Rückweg: Gut geeignet (Schotter bzw. Wiesenweg ohne Steigungen).

Navi: 4020 Linz, Weikerlseestraße

Anfahrt: A7; Abfahrt Voest-Alpine, Umfahrungsstraße Ebelsberg, gleich nach dem Mona Lisa-Tunnel links abbiegen. Der Hauptstraße durch die solarCity folgen und nach der solarCity links in die Auhirschstraße und dann wieder links in die Weikerlseestraße einbiegen. Vorbei am Sportpark Pichling der Straße bis zu einer kleinen Brücke folgen.

Ausgangspunkt (AP): Vor der Brücke gibt es rechts ein paar Parkplätze bzw. weitere Parkplätze links die Weikerlseestraße entlang. AP ist die Brücke.

Bus/Bahn: Mit der Straßenbahn bis Endstation solarCity. Am Ende der solarCity links in die Weikerlseestraße biegen und bis zum AP wandern (Gehzeit ca. 15 min).

Infos/Gaststätten: *Direkt am Rundweg gibt es keine Einkehrmöglichkeit. Evtl. Gastronomieangebote der solarCity nutzen (zu Fuß über den Kleinen Weikerlsee erreichbar).

Wegbeschreibung Weikerlsee:

Nach der kleinen Brücke rechts dem Schotterweg zum See folgen. Der Weg führt zuerst entlang des Waldes und biegt dann links in Richtung Großer Weikerlsee ab. Der dort befindliche Schranken ist mit Kinderwagen gut zu umrunden. Entlang des Seeufers geht der Weg nun bis zu einer kleinen Holzbrücke über das Mitterwasser. Nach der Brücke die Abzweigung nach rechts in den Auwald nehmen. Nach einer Stromleitungsschneise wird der Wald auf beiden Seiten immer dichter und verwachsener. Der Weg ist aber gut begehbar.

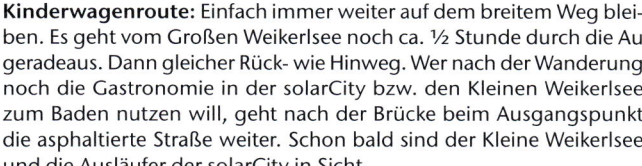

Kinderwagenroute: Einfach immer weiter auf dem breitem Weg bleiben. Es geht vom Großen Weikerlsee noch ca. ½ Stunde durch die Au geradeaus. Dann gleicher Rück- wie Hinweg. Wer nach der Wanderung noch die Gastronomie in der solarCity bzw. den Kleinen Weikerlsee zum Baden nutzen will, geht nach der Brücke beim Ausgangspunkt die asphaltierte Straße weiter. Schon bald sind der Kleine Weikerlsee und die Ausläufer der solarCity in Sicht.

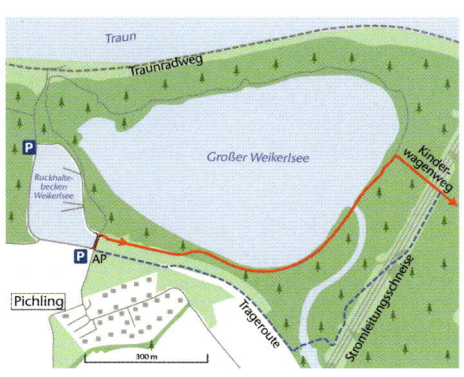

Trageroute: Von der Kinderwagenroute zweigen immer wieder kleine Wegerl in den Auwald ab. Mit der Trage kann man sie gut erforschen und kommt dadurch in unberührte Natur – und das ganz in der Nähe der Stadt. Kräuterkundige haben im Frühjahr ihre Freude: Der Bärlauch wächst hier bodendeckend. Die Wege sind allerdings sehr verwuchert und selbst mit der Trage oft schwer passierbar. Unsere Runde ist noch passierbar und führt auch ein kleines Stück durch den Auwald: Der Stromleitungsschneise und dem Feldweg nach rechts folgen. Die Wiese queren und auf dem Weg am Waldrand geradeaus weitergehen. Am Ende nach rechts in den schmalen Waldpfad einbiegen. Eine Fußgängerbrücke führt über das Mitterwasser und lädt dazu ein, Blätterboote auf den Weg zu schicken oder Steine platschen zu lassen. Nach dem steilen Graben führt ein Schotterweg, der dann zur asphaltierten Straße wird, nach rechts gemütlich zurück zum Ausgangspunkt.

Im Süden von Linz liegt der Pichlingersee. Der beliebte Badesee eignet sich aufgrund des gut geräumten, asphaltierten Rundweges auch für ausgedehnte Winterspaziergänge. Bei genügend Minusgraden kann man Schlittschuh laufen und Eisstockschießen. Es ist aber auch lustig, dem bunten Treiben zuzuschauen. Die Information, ob die Linzer Seen für's Eislaufen freigegeben sind, erhält man bei der Linz AG, Tel. siehe unter Infos/ Gaststätten. Aus Sicherheitsgründen gibt es jedoch selten eine Freigabe.

Wetter: ○	Anforderung: 🟡	Gesamtdauer: 1 h

Anforderung:	Leicht, ebener Weg, durchgehend asphaltiert, bei Tauwetter bilden sich allerdings mehr oder weniger kleine „Seen" auf dem Weg.
Dauer:	RW: ca. 1 h bei gemütlichem Tempo (3,5 km).
Wetter:	Nicht geeignet bei heißem Sommerwetter, da wenig Schatten. Bei Badewetter ist der See stark frequentiert.

Wanderwert für (Geschwister-) Kinder:	
2–3 Jahre:	Bademöglichkeit im Sommer. Spielplatz mit Rutsche, Schaukel, Klettergerüst und Karussell.
4–6 Jahre:	Siehe unter 2–3 Jahre.
Kinderfahrrad:	Gut geeignet auch für Dreirad oder Roller.

Navi: 4020 Linz, Im Südpark oder 4020 Linz, Wiener Str. 937

Anfahrt: A7; Abfahrt Voest-Alpine, Umfahrungsstraße Ebelsberg Richtung Asten, es folgt ein Hinweisschild mit der 1. und 2. Zufahrt zum Pichlingersee. Achtung: Die Zufahrten selbst sind schlecht beschildert, die 1. Zufahrt ist mit Südpark bezeichnet, die 2. Zufahrt mit Campingplatz.

Ausgangspunkt (AP): Parkplätze bei 1. und 2. Zufahrt vorhanden; im Winter ist die 1. Zufahrt (Südpark) idealer, da man vom Parkplatz einen Gehweg zum Rundweg hat; bei den Parkplätzen der 2. Zufahrt muss ein kurzes Stück über die Wiese gegangen werden; dies ist mit Kinderwagen bei hoher Schneelage mühsam.

Bus/Bahn: Zum Beispiel mit der Straßenbahn bis Hst. Simonystraße. Umsteigen in Bus bis Hst. Pichlinger See.

Infos/Gaststätten: *Linz AG, Bereich Bäder, Vermittlung: Tel. 0732/3400-6000. *mehrere Buffets rund um den See, teilweise auch im Winter geöffnet.

Wegbeschreibung Pichlingersee: Egal, ob Parkplatz von der ersten oder zweiten Zufahrt weggeht – der Weg ist nicht zu verfehlen. Wenig Schatten ist im Winter von Vorteil. Wir waren doch überrascht über den relativ großen Seeumfang, der einen ausgedehnten Spaziergang ermöglicht. Etwas störend kann je nach Windrichtung der Geräuschpegel der Autobahn bzw. der Zugtrasse sein.

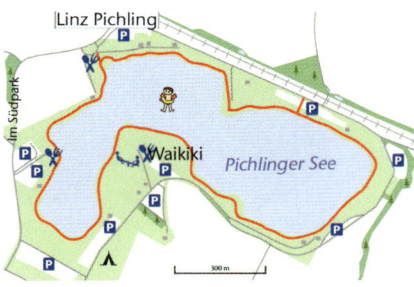

CLEAN CLOTHES

KAMPAGNE FÜR „SAUBERE" KLEIDUNG WELTWEIT

Der Großteil unserer Kleidung wird in Lateinamerika, Asien und Afrika hergestellt. Die normale Arbeitszeit beträgt zwischen 14 und 17 Stunden täglich, sieben Tage die Woche! Die sklavenähnlichen Bedingungen der ArbeiterInnen erinnern an die Bedingungen in Europa im 19. Jahrhundert. Nur, dass diesmal Reich & Arm nicht mehr im selben Land, sondern 10.000 Kilometer entfernt voneinander leben. In den Fabriken hängen oft Markenhemden und Billighemden nebeneinander. Ein teures Markenhemd sagt keinesfalls aus, dass die Arbeitsbedingungen bei der Hestellung besser waren.

Die Clean Clothes-Kampagne, die von hunderten Organisationen und Arbeiter-Innenvereinigungen rund um die Welt getragen wird, setzt sich für die Rechte der ArbeiterInnen und eine Verbesserung der Arbeitsbedingungen in der internationalen Bekleidungs- und Sportartikelindustrie ein.

Wer bekommt die 100,– Euro für meine Sportschuhe?

Herstellungskosten 12 %
Produktionskosten 2%
Fabrikgewinn 2%
Material 7,6%

Löhne
0,4 %

Transport und Steuern 5%

Mehrwert-steuer 20%

Markenfirma 33 %
Profit 13,5%, Forschung 11% Werbung 8,5 %

Einzelhandel ca. 30%

SCHREIBEN SIE UNS ODER RUFEN SIE UNS AN!
Abonnieren Sie kostenlos den Rundbrief der Clean Clothes-Kampagne und informieren Sie sich über Herstellungsweisen – z.B. was hinter Markenartikel-Herstellern steckt:
CH: www.cleanclothes.ch   D: www.sauberekleidung.de   Ö: www.cleanclothes.at

Zusatztipps

Erlebniswelt Granit in St. Martin
(Eine Strecke ca. 30 min, ca 1,5 km, leicht, gute Schotterwege)

Navi: 4114 Plöcking 2 bzw. 4113 St. Martin; K00: N48°26.216; E013°59.990

Ausgangspunkt (AP): Parkplatz gegenüber des Eingangs des alten Zeughauses.

Bus/Bahn: Mit der Mühlkreisbahn bis Hst. Walding. Umsteigen in Bus bis Hst. Plöcking im Mühlkreis. Oder Direktverbindung Bus bis Hst. Plöcking im Mühlkreis.

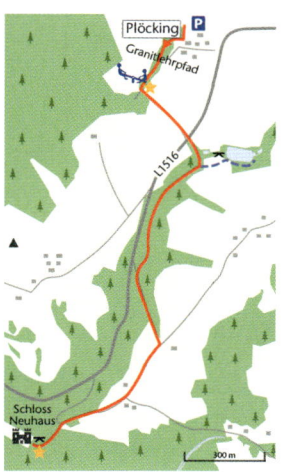

Dieser kurze Natursteinlehrpfad veranschaulicht u.a. die Gesteinsschichten Österreichs. Der Weg führt zu Beginn durch die Erlebniswelt zu einem netten Spielplatz. Danach geht's entlang der alten Feldbahn weiter zum Schloss Neuhaus. Dazu links dem Schotterweg folgen. Nach ca. 5 Min. überquert man die Landstraße. Bei der Gabelung rechts halten (links führt ein Stichweg zu den Thallerteichen mit nettem Rastplatz). Immer der Beschilderung „Schloss Neuhaus"/„Der steinige Weg" folgen. Beim Schloss befindet sich – etwas versteckt hinter den Schildern – das Naturdenkmal Hainbuchenallee. Den Schildern schräg gegenüber ist ein weiterer Rastplatz mit Granittisch. Gleicher Rück- wie Hinweg.

**Tragetour entlang der Großen Mühl
(Eine Strecke ca. 1,5 h, ca 3,7 km, schwer, holpriger, teils schmaler
Wiesenweg, mit Kinderwagen nicht möglich/empfehlenswert)**

Navi: 4170 Haslach, Schwackerreith 20

Ausgangspunkt (AP): Gasthaus Furtmühle

Das Gasthaus Furtmühle bei Haslach
ist ein erfrischendes Sommerziel mit
nettem Badeplatz. Abgehärtete Gäste
können im kühlen Nass schwimmen.
Ein öffentlicher Badezugang liegt am
gegenüberliegenden Ufer. Vom Gasthaus führt ein idyllischer Wanderweg
entlang der Großen Mühl mit schönen
Wasserzugängen für Kinder zum Naturbad in Haslach – einer weiteren Ba-
demöglichkeit. Der Weg ist schwierig,
landschaftlich jedoch sehr schön. Vom
Gasthaus überquert man die Brücke
und biegt gleich links in den ausgetretenen, schattenlosen Wiesenweg ein.
Anfangs sind zwei Gräben zu überqueren. Nach Überqueren der Wiese
erreicht man den Wald. Hier führt ein
steiniger Forstweg links zur Großen
Mühl. Ab hier geht es immer entlang
des Flusses Richtung Haslach. Der Wiesenweg ist teils schmal und holprig,
aber immer eben. Da der Boden teilweise matschig ist, unbedingt passen-
de Schuhe anziehen. Danach führt ein
schöner, geschotterter Weg direkt zum
nett angelegten Naturbad in Haslach.

Zum Gebrauch des Wanderführers:

Anforderung:

In der Anforderung beschreiben wir die Wegbeschaffenheit und die Steigung. Wir haben die Farbe gelb der üblichen Kategorisierung der Wanderwelt vorangestellt, denn was zu Fuß als leicht eingestuft werden würde, ist mit dem Kinderwagen oft bereits mittelschwierig.

- Gelb = leicht mit dem Kinderwagen, meist auch „Buggy-geeignet".
- Blau = mittelschwierig, geländegängiger Kinderwagen wird empfohlen.
- Rot = schwierig. Geländegängiger Kinderwagen notwendig.

Dauer:

Die Dauer bezieht sich immer auf die reine Gehzeit, bitte immer Pausen und Spielzeiten zusätzlich einplanen.

Wetter:

	Klassisches Wanderwetter: Moderate Temperaturen, nicht zu heiß und nicht zu kalt. Im Sommer nicht in der Mittagszeit gehen.
	Nieselwetter: Manche Wege, vor allem jene im Wald, sind auch bei bewölktem Wetter oder leichtem Regen gut möglich. Gute Regenbekleidung bzw. Regenschutz ist trotzdem wichtig.
	Winter: Die Tour ist auch im Winter bei Schneelage geeignet.
	Plantschmöglichkeiten: Wird angeführt, wenn es die Möglichkeiten zum Plantschen in einem kleinen Bach o. Ä. gibt.

Wanderwert für Kinder:

Hier kann nachgelesen werden, welche Attraktionen auf Kinder in der jeweiligen Altersgruppe warten.

Kinderfahrrad: Für fast alle unserer Radwege ist es notwendig, dass die Kinder auf Schotterwegen fahren und auch leichte bis mittlere Steigungen bewältigen können. Bitte immer die Wegbeschaffenheit unter Anforderung nachlesen. Für Laufräder gelten die gleichen Voraussetzungen.

Ausgangspunkt (AP):
Von hier aus startet die Beschreibung der Wanderung. Manchmal ist kein geeigneter Parkplatz in unmittelbarer Nähe des Ausgangspunktes. Hier empfehlen wir, nicht behindernd an geeigneter Stelle zu parken.
Achtung: In Skizze sind AP und P nicht immer ident.

Skizzen/Kartografie:
Die Skizzen sollen einer groben Orientierung dienen. Sie sind keine millimetergenaue Abbildung der Realität.

 Bus/Bahn:
Hier ist die nächstgelegene Haltestelle angeführt, wenn eine Anreise mit öffentlichen Verkehrsmitteln sinnvoll erscheint. Routenplaner für Öffis: „Scotty" oder www.ooeb.at oder Call Center: Tel. 05 1717.

Sicherung:
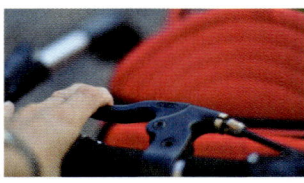
Wir haben die Erfahrung gemacht, dass es immer ganz gut ist, ein Sicherungsband dabei zu haben. Z.B. beim Abwärtsgehen auf einer Schotterstraße ist es beruhigend, wenn der Kinderwagen damit am eigenen Gürtel gesichert ist, für den Fall, dass man ausrutscht.
Wir möchten auch dringend darum bitten, niemals den Kinderwagen mit Baby an Bord allein an abschüssiger Stelle – selbst mit angezogener Bremse – stehen zu lassen. Immer wieder passiert es, dass sich Bremsen lösen. Im Zweifelsfall, wenn das Baby am Rastplatz schläft, eventuell zusätzlich mit Sicherungsband sichern. Bitte immer die eigenen Erfahrungen beachten und die Situation vor Ort selbst abschätzen.

Zur Ausrüstung

1. Verpflegung

Stillende Mütter müssen vor allem auf die eigene Flüssigkeitszufuhr achten. Trotzdem ist es oft ganz nützlich, etwas (abgekochtes) Wasser in einer kleinen Thermosflasche mitzuhaben (z.B. auch im Winter für die Wärmflasche).

Für Fläschchenkinder ist abgekochtes, heißes Wasser in der Thermosflasche ohnehin unerlässlich. Später braucht man es zum Breiglaserl -Wärmen oder zur Zubereitung des Breis. Zusätzlich eine Flasche mit (abgekochtem) kalten Wasser, zum Kühlen des heißen Wassers, zum Hände und evtl. Po abwischen und zum Löschen des eigenen Durstes.

So ab einem halben Jahr bis ins Vorschulalter sind (Baby-) Kekse für zwischendurch immer nützlich. Ab diesem Alter kann man auch die fertige Mittagsmahlzeit im Glaserl gut mitnehmen und mit Wasser aus der Thermoskanne wärmen. Oder ein Kühlsackerl aus dem Supermarkt zerschneiden und zum Warmhalten das aufgewärmte Glaserl darin einwickeln – bis Mittag bleibt das Essen angenehm warm.

Auch für größere Kinder immer ausreichend zu trinken mitnehmen. Reines Wasser ist die beste Flüssigkeit, die das Kind zu sich nehmen kann und auf einer Wanderung hast du auch eine bessere Chance, dass es dein Kind trinkt. Bitte bedenke auch, dass dein Kind an der frischen Luft einen viel größeren Appetit hat als zu Hause. Viele Kinder können sich im Kleinkindalter nicht artikulieren, wenn sie Hunger oder Durst haben. Darum bei rauziger Stimmung auch immer an diese Grundbedürfnisse denken.

2. Bekleidung
- Wechselkleidung
  ... und zwar für jedes Kleidungsstück samt Body oder Unterwäsche und Socken! Für Kinder jeder Altersstufe.
- Regenschutz und Hauben

(im Sommer auch in Höhenlagen)

... und/oder Sonnenkappen mit Schild der Jahreszeit entsprechend.

- <u>Babydecke oder warmen Fußsack</u> (Daune oder Fell)

  ... je nach Jahreszeit. Bedenke immer, dass sich dein Baby im Gegensatz zu dir nicht bewegt. Sehr gefährlich sind daher die Rückentragen in der kalten Jahreszeit, gefrorene Zehen schmerzen ein Leben lang!
- <u>1–2 Stoffwindeln</u>

  ... als Kopfunterlage, Spucktuch, Schattenspender, „Händeabwischer" etc. verwendbar.
- <u>Warme Jacke</u>

  ... für den Fall einer Wetteränderung und auf alle Fälle für die höhergelegenen Wanderungen.
- <u>Gutes Schuhwerk mit Profil</u>

  ... sofern Sprössling schon eigenständig gehen kann.
- <u>Trage bzw. Tragetuch</u>

3. Pflege/Schutz (je nach Jahreszeit)

- <u>2–3 Windeln und Feuchttücher</u>

  ... diese gehören ordnungsgemäß entsorgt! Sackerl mitnehmen.
- <u>Sonnenschutz</u>

  Sonnenschirm sowie -creme oder Wind- und Wettercreme
- <u>Mückennetz</u> für Kinderwagen

  Achtung! Hitzestau beachten.
- <u>Verbandszeug</u>

  ... für die größeren Kinder und für dich selber.
- Evtl. Schnuller und Schlafbär oder –tuch etc.
- Sicherungsband

  Einige Worte zur Sicherung siehe im Einleitungstext.

4. Sonstiges

- <u>Wärmeflasche</u>

  In der kalten Jahreszeit ist eine Wärmeflasche, die man mit dem mitgebrachten Wasser aus der Thermosflasche füllt, optimal. (Kalte Füße erschweren das Einschlafen – jedoch Vorsicht: bei zu heißem Wasser

Verbrennungsgefahr.)
* <u>Taschenmesser</u>
  ... zum Apfel schälen, Pflaster abschneiden, Rindenschifferl schnitzen,
  Breipackerl aufschneiden etc.
* <u>Decke</u>
  ... (evtl. beschichtet) für den Rastplatz und gegen die Kälte.

Zum perfekten Kinderwagen:
Auf unserer Homepage unter Wandas'surium findet ihr Tipps, worauf
beim Kauf geachtet werden sollte.

Platz für persönliche Checkliste/Ergänzungen:

* Patschen im Winter (für's Wirtshaus)

* „Gatschhose"

*

*

Alphabetisches Register

Fotospenden:

Eckerstorfer Heinz, S. 16
Winkler-Ebner Jana, Cover und S. 55, 62

Legende

AP	Ausgangspunkt
Bhf.	Bahnhof
ca.	cirka
ganzj.	ganzjährig
geöff.	geöffnet
geschl.	geschlossen
Ghf.	Gasthof, Gasthaus
Hst.	Haltestelle
Info	Information
max.	maximal
P	Parkplatz
RW	Rundweg
tgl.	täglich
teilw.	teilweise
u.v.m.	Und vieles mehr
u.a.	Unten angeführt
Var.1	Variante
zw.	zwischen

 Gasthof, Café, Alm etc.

interessante Orte

 Bahnhof, Haltestelle

 Parkplatz

Spielplatz

Kirche, Marterl, Friedhof

 markantes Haus, Gebäude oder Stadl

 Schranken

Brücke

 Plantschstelle od. Badeplatz

 AP Ausgangspunkt

 Wanderweg

•••• Wanderweg für kleine Füße

Notizen, Stempel, ...

Schau doch mal auf unsere Homepage unter Wandasurium!

Dort findest du jede Menge
- Tipps
- Packlisten
- Sicherheit
- Ausrüstung
- Wandertricks
- und unseren Wandapass

- uvm.

Weitere coole Wandertipps auf Social Media:

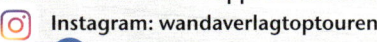 Instagram: wandaverlagtoptouren

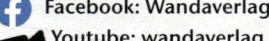 Facebook: Wandaverlag

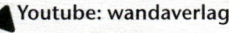 Youtube: wandaverlag

Wien

Vorarlberg

Tirol

Unsere Reihe
Abenteuer Natur

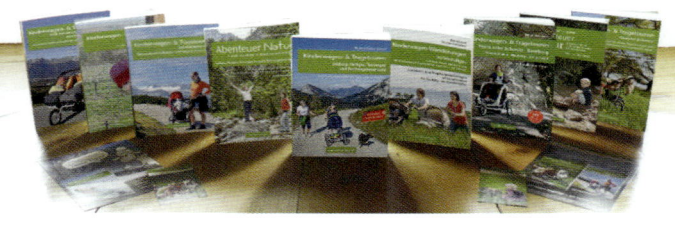

Der wandaverlag ist ein kleiner, unabhängiger Verlag am Fuße des Untersbergs. Jeder Wanderführer entsteht durch großes persönliches Engagement und viel Leidenschaft für ein perfektes Buch.

Was uns am Herzen liegt:
- Durch unsere akribischen Recherchen, genauen und trotzdem nicht zu langatmigen Angaben, durch unser übersichtliches Layout und die vielen kleinen Einzelheiten möchten wir Zeit zum Genießen verschaffen – unserer Leserschaft zuliebe.
- Wir unterstützen mit unseren Büchern die Initiativen Fair Trade und Clean Clothes – der Fairness zuliebe.
- Wir legen Wert auf umweltschonenden Druck – der Natur zuliebe.
- Durch die Angabe von öffentlichen Verkehrsverbindungen möchten wir ein umweltfreundliches Anreisen fördern – der Umwelt zuliebe.

Vielen Dank für euer Vertrauen! Wir freuen uns über jede Rückmeldung zu unseren Büchern und Wanderwegen.

Elisabeth Göllner-Kampel
(Verlegerin & Wanderbuchautorin)